6~12岁儿童

好头脑

训练法

韦良军，韦智◎编著

中国纺织出版社有限公司

内 容 提 要

任何人，只要潜能得到开发，就会聪明能干，而开发潜能的最佳时期是童年。每个父母，都要在孩子6～12岁时培养和训练他们的好头脑，开发他们的智力，这对孩子的一生都将产生积极的影响。

本书立足于提升孩子的智力水平，从儿童的语言能力、观察力、逻辑思维力、判断力、记忆力、想象与创造力等方面一一展开，揭示儿童智力开发的秘密，帮助孩子开发深层潜能，让孩子在快乐中轻松学习知识，提升智力。

图书在版编目（CIP）数据

6~12岁儿童好头脑训练法 / 韦良军，韦智编著. --
北京：中国纺织出版社有限公司，2021.5
　ISBN 978-7-5180-7999-5

　Ⅰ. ①6… Ⅱ. ①韦… ②韦… Ⅲ. ①儿童—智力开发
Ⅳ. ①G610

中国版本图书馆CIP数据核字（2020）第198385号

责任编辑：张　宏　　责任校对：高　涵　　责任印制：储志伟

中国纺织出版社有限公司出版发行
地址：北京市朝阳区百子湾东里A407号楼　邮政编码：100124
销售电话：010—67004422　传真：010—87155801
http://www.c-textilep.com
中国纺织出版社天猫旗舰店
官方微博http://weibo.com/2119887771
三河市宏盛印务有限公司印刷　各地新华书店经销
2021年5月第1版第1次印刷
开本：710×1000　1/16　印张：12
字数：146千字　定价：39.80元

自古以来，人们就一直在探索人类大脑的秘密，寻求让大脑更聪明的方法，因为人们相信拥有一个聪明的大脑，能够让人更加轻易地获得成功。然而，有太多的人受到"天才论"的影响，认为聪明的大脑是天生的。

人的智力真的是天生的吗？答案是否定的。有数据表明，拥有超常智力的人仅占总人口的10%，剩下90%的人都只是智力平平。那么，我们的智力水平是否就无法改变了呢？答案也是否定的。

据报道，勤做健脑运动可以让你的智力在一个星期内提高40%。据英国《每日邮报》报道，研究表明，经常玩填字游戏、记菜单、换个手刷牙、闭上眼睛洗澡等健脑运动可以大大提高人们的智商。专业心理咨询人士也认为，这个结论和我国"活到老、学到老"的传统观念是相符合的。对于这样的研究结论，心理学博士解释说，成年以后多学习、多用脑可以防止大脑衰老，该报道中提到的玩填字游戏等内容就是一种大脑锻炼。

其实，我们每个人的潜能都犹如一个巨大的宝库，大脑的更多智慧，需要我们不断挖掘才能发现，大多数人之所以聪明能干，是因为他们的潜力得到了很好的开发和利用，而开发潜力效果最好、效率最高的时期是儿童时期。

因为，这是儿童好奇心和求知欲最为旺盛的时期，也是学习能力最强的时期，父母应该积极培养孩子的好头脑，开发他们的智力潜能，这对孩子的一生都将产生积极的影响。

的确，作为父母，我们都希望孩子能思维灵活、头脑聪明，这能让孩子有更强的学习能力，能在未来更容易获得成功。

然而，很多家长却不知从何入手，鉴于这一点，我们倾力打造了这本《6～12岁儿童好头脑训练法》。本书内容涉及语言能力、观察力、思维能力、判断力、学习能力、想象与创造力等的训练，以及儿童大脑的秘密和科学用脑等知识，以深度开发儿童的心脑智能为目标，通过浅显易懂的语言、丰富的教育理论，改变父母对教育的看法，让孩子拥有一个好头脑。

作为父母，不管你的孩子是否聪明，不管你正在用何种方式教育孩子，请耐心地和孩子一起读读本书，它不仅可以丰富你对教育的看法，还能激活孩子脑细胞，转换孩子的思维方式，拓展孩子的视野，发掘孩子的智力潜能。让孩子在快乐中轻松学习知识，提升智力。总之，它能成为帮助你训练孩子好头脑的最佳帮手，接下来，就翻开本书吧！

编著者

2020年10月

目 录

第 01 章

6~12 岁，家长要做好孩子智力开发的第一任老师

作为父母，我们都希望孩子能拥有一个聪明的大脑，因为聪明的大脑能让孩子在以后的人生道路上更容易成功，聪明的大脑也就是我们说的智力。然而，一些父母认为，孩子的智力是"天生"的，但数据表明，拥有超常智力的人仅占总人口的10%，那剩下90%的人注定无法变聪明了吗？答案自然是否定的。任何人的潜能都是无限量的，需要被开发出来，而开发潜力效果最好、效率最高的时期是儿童时期。6~12岁是儿童好奇心和求知欲最为旺盛的时期，家长要做好孩子智力开发的第一任老师，积极培育孩子的好头脑。

儿童智力发展的规律，你知道吗

作为父母，我们都希望自己的孩子能够智商超群，也就是我们常说的"聪明"，聪明的孩子无论是学习还是应对问题，都会有的效率，为此，不少父母都在寻求训练孩子好头脑的方法。教育专家建议，我们在寻求这些方法之前，有必要先了解儿童的智力发展规律，了解其中的规律，才能对症下药、找到训练的方法。

那么，儿童智力发展的规律是怎样的呢？

1.0~2岁是儿童智力发展的初始阶段

在这一年龄段，孩子对外界没有基本的判断力，这时候，他们的判断力基本上都来自父母，父母说什么是对的，他们就认为什么是对的。

在孩子的所有感觉系统中，最先发展起来的就是触觉，然后是嗅觉、视觉和听觉。此时，作为父母，在家庭教育中，我们可以让孩子多触摸，这也是一种交流，因为这一时期的孩子是无法用语言和父母交流的，他们的左脑尚未被开发。

在0~2岁的时候，孩子的心智还是一个待开发的空置状态，此时，我们可以采用早教的方式来进行刺激，如让孩子听音乐、看图画等。不过，我们需要注意的是，人类文化对孩子两岁前的教育和刺激不超过1/4的比例，3/4要在自然中形成。

比如，让孩子听小提琴和钢琴声，就算音乐再美妙，也是无法和自然界的鸟叫声、水流声及大海的波涛声相比拟的，人类乐器的美妙声音是来源于自然和模仿自然的，但却没有自然界的声音所拥有的真实。

2. 3~7岁是右脑高度发展的阶段

这一阶段，儿童的所有行为都是围绕学习展开的，即便是游戏也是如此。

教育专家建议，此时对孩子进行智力和心理教育时，要在游戏的前提下，寓教于乐，而不是规规矩矩让孩子学习。

对于7岁以前的孩子，不要教育他过早掌握文字能力，因为在人类的头脑发展中，我们的左脑比右脑发育更迟，细胞比较新，心脏细胞有几十亿年，左脑皮层细胞只有几千万年。人类从远古时代到现在，也才几千万年时间，且右脑的细胞比左脑古老是因为很多动物有右脑的神经结构。因此，在这段时间可以发展言语，但是尽量不要发展文字。

另外，我国儿童教育家陈鹤琴曾说：从出生到7岁是人生重要时期，儿童的习惯、语言、才能、思想、态度、情绪等都要在此时期打好基础，如果基础不牢固，那健全的人格就不易造就了。

事实的确如此，这一年龄阶段的孩子年龄小、经验少、爱玩、喜欢模仿，最易受周围环境影响，这时养成良好的行为习惯既容易又牢固。在这一阶段如果教育得法，引导得当，可以增强儿童的自我意识和集体荣誉感，慢慢形成认真、诚实、负责和助人为乐的精神品质，进而为孩子以后的幸福人生打下基础。

3. 7~11岁是左右脑共同发展期

此时，人的左脑也开始趋于成熟，右脑继续活跃发展，孩子可以开始认识带拼音的文字，并能带动自己的思考能力。7岁以后的孩子遵守规则变得容易了，但让7岁以前的孩子做到这点很难。孩子到11~15时右脑几乎发展饱满，发展特征和左脑不同，右脑发展不用分类、系统、完整的文化去刺激，要用散乱的、片段的、零散的、边缘化的、非中心的、非系统的方式去刺激。

右脑的主要任务不是学习，是刺激。任何知识需要用未分类的方式去引导才能保障右脑饱满地成长，左脑是我们人类进行分类，或者进行归纳的大脑。

4. 15岁以后是左脑发展的高速期

此时的孩子的典型智力特点是喜欢推理，因此，在中学阶段有了物理这一学科，这是因为孩子已经开始可以逐一归纳、分类和逻辑理解了。如果孩子被限制在狭小的家庭内、不接触外界，在物理学习上就会出现困难，那些从小喜欢看星星、观星象的孩子，后天学天体物理就轻松很多。因此，要提升孩子在中学阶段的学习兴趣，关键还是从小培养孩子广泛的兴趣爱好。

5~15岁之间的孩子，他们的生活主要以学习为主，且十分关注自己能否从学习中获得成就感，因此，我们父母也要关注孩子的学习感受，不要过分关注成绩。中学的家长要关注孩子如何习得有效的学习方法并增进效率，不要太在意孩子在班上的成绩排名。

孩子到了16岁以后，其智力结构差不多形成了，高中生多半显现出自己的学习特色，只有会学习的孩子才能进入好的高中，也只有能在学习中感觉良好的孩子才能会学习。

总之，了解人类智力发展的规律至关重要，这能帮助我们重视关键期教育，从而自觉投入到孩子的早期教育实践中。

儿童的早期教育很重要

在教育孩子这一问题上，可能很多家长会认为，培养孩子应该在孩子成长到一定阶段后最起码是上小学后才开始，这种观点是错误的。一个人，随着年龄的增长，他对周围的环境会越来越适应，身体机能也会随着发生相应的变化，内在能力也会逐渐消失。因此，专家建议，早期教育越早越好。

大量的科学研究表明：儿童的潜能培养遵循着一种奇特的规律——天赋随着年龄增大而递减，教育得越晚，儿童与生俱来的潜能就发挥得越少。

的确，我们每个人，自打来到这个世界开始，就具有某种潜在的能力，而在我们出生后的前几年，正是开发和挖掘这种潜能的最佳时期。假如我们把一个孩子生来就有的潜能以100分来计算，如果我们从五岁开始教育孩子，那么，他长大以后可能有80分的能力；而从十岁教育，就只能达到60分，而从15岁开始教育的话，孩子的能力还能不能被挖掘出来都是个问题。

也有家长认为，如果一个孩子真的有天赋，那么，他就并不需要进行特别的教育。事实上，人的大脑在刚开始发育时是感应度最强的时期，随着年龄的慢慢增长，感应度开始逐步减退，就和绷紧了的弦慢慢松弛下来一样。

同样，孩子的智力开发也是如此。美国科学家布卢姆曾就儿童心理发展上的关键期问题，对近千人进行了跟踪观察。他通过分析实例，提出一个重要的假设：即5岁前是儿童智力发展的最佳时期。

他提出，如果把17岁时所达到的普通智力水平看做100%，那么从出生到4岁，就获得了50%的智力；从4岁到8岁又能获得30%的智力；而余下的20%的智力则是在8岁到17岁这个时期获得的。

尽管人们对布卢姆的这个假设还有争议，但是对从出生到8岁这一时期是人的智力发展最快时期的论点，看法都是一致的。他们认为婴幼儿期、童年期最容易接受外界刺激，最容易形成大脑神经联系。

我国儿童心理学工作者也认为：4岁前，是儿童发展形象视觉和口语语音的最佳期；4~5岁是掌握数概念的最佳期；5~6岁是丰富口语词汇的最佳期；7岁是儿童品德形成的最佳期。如果在这些关键期里能对儿童进行及时的教育和培养，就可以取得事半功倍的效果。

从心理学者的论点，我们也能看出来对孩子的早期教育一定要越早越好。当然，并不是说非要从几岁开始，但大量的研究表明，对孩子的早期教育，最晚不能超过3岁，生物学家达尔文曾经遇到过这样一件事：

一天，他接待了一位带着孩子的妈妈，她希望达尔文能就孩子的教育问题给自己一些建议。孩子长得也很漂亮，还没等这位妇人开口，达尔文就随口问："啊，多漂亮的孩子啊！几岁了？"

"刚好两岁半，我们为人父母的，都希望孩子长大后有出息，你是个杰出的科学家，我今天特地带孩子来求教，请问对孩子的教育从什么时候开始才好呢？"

"唉，夫人，很可惜，你已经晚了两年半了。"达尔文惋惜地告诉她。

就学习外语而言，如果你的孩子在10岁以后才接触英语。那么，即使他的笔试成绩很好，但他口语绝对不纯正。甚至不少专家认为，对于钢琴而言，如果一个孩子不从五岁开始练，那么，他就不可能达到很高的境界。而小提琴的最佳学习年纪则更早，专家认为是3岁。也就是说，早期教育能造就天才，儿童的能力如果不在发展期内进行培养，就会出现儿童能力逐步递减的现象。

当然，家长在对孩子进行早期教育时，还得注意两个问题：

1. 不能拔苗助长

一些家长对孩子期望太大，害怕孩子输在起跑线上，因此，在孩子学龄前，他们就开始对孩子进行各种智力投资，让孩子学这学那，重视孩子的早期教育是好事，但如果太过心急，反倒会起到反作用。

2. 注意方法，最好能寓教于乐

生活中，就有一些父母，在孩子很小的时候，就想让孩子识字，但他们却不讲教育方法，仅仅在纸上写几个字，让孩子照葫芦画瓢，进行模仿。这样教育，孩子毫无兴趣，自然也学不好。而父母便认为孩子是在偷懒，往往采取惩罚的手段。这样的教育方法，只会让父母累，孩子苦，但收效甚微。这种教育方法还会造成孩子的逆反心理，在将来上了学后，也会对学习发怵，甚至出现逃学的行为。

因此，对孩子进行早期教育，我们一定要重视方法，最好能寓教于乐，因为对于婴幼儿阶段的孩子来说，本身他们大部分的时间都在玩中度过的。因此，当你的孩子开始在草地上摸爬滚打的时候，千万不要喝止孩子，这是引导孩子掌握平衡和灵活性的最佳时期。如果你的孩子大一点了，你可以放手让他和同龄孩子参加游戏。

这样，在玩乐中，孩子的智力、想象力、创造力、与人交往的能力等都得到了锻炼，这些都是将来接触社会时必须掌握的。因此，我们可以说，让孩子在婴幼儿时期有充分的玩的机会，对于孩子的智力和非智力因素的发展都是极为重要的，同时，也能避免孩子出现某些身心上的障碍。

很多父母没有意识到儿童的智力发展是随着年龄增长而递减的，因此，早期教育是开发儿童潜能的必要方式之一，早期教育更容易造就天才。作为父母，你要知道，越早对你的孩子进行教育，开发他们的潜能，你的孩子成功的概率就越大，但同时，我们也要注意方式方法，不可操之过急。

如何发现和引导高智商儿童

作为父母，我们都希望能培养出聪明的孩子，而一个孩子是否聪明，常常以智商高低来衡量。那么智力超常儿童有一些什么特点呢？对超常儿童又该怎样引导呢？

以下是高智商儿童的典型特点：

（1）他们大多精力充沛、活泼好动，与人相处轻松和谐；情绪掌控能力强、不随便发脾气、心理健康且机智灵活，总是心情愉悦。

（2）观察力强。勤学好问、爱观察、爱幻想，如小画家胡小舟六岁画的"在月亮上荡秋千"就表现出了不寻常的想象力。

（3）思维方法奇特。这类孩子对需要动脑的学科，比如科学、数学更感兴趣，也包括那些需要抽象思维的游戏。

（4）好奇心旺盛。达尔文在生物进化问题上的成就，从其童年时期的兴趣爱好就初见端倪了，他很小的时候，就喜欢花、昆虫和鸟兽；爱因斯坦在5岁时第一次接触指南针，对其感到震惊，他思考为什么指南针能一直朝着一个方向，后来他在回忆中说，那是他第一次发现原来事物背后还隐藏着这么深藏不露的真相。

（5）记忆力强、认真专注。在记忆力方面，高智商的孩子往往表现出超强的记忆力，如超常儿童邝亚南，能熟练地背诵化学元素周期表。而在注意力方面，一般来说年龄小的孩子注意力不易集中，但超常儿却能长时间地做自己感兴趣的事。

无论是看电视还是看书，他们都能长时间专注，不仅能发现其中突出的特点，还能察觉到其他孩子察觉不到的细节，他们对事物的专心能随着父母的指令及时地转移。如他在搭积木时很专心，你让他放下积木去干其他事，他也能很快地集中注意力。

（6）个性特征良好。超常儿一般都具有坚强的毅力和勇于探索的精神，他们不怕困难，在前进的道路中敢于扫除障碍。

那么，我们该如何引导这些高智商的儿童呢？

1. 为孩子提供良好的教育环境

那些智力超常的孩子，都来自一个有轻松氛围的家庭，在这样的家庭里，他们有积极动手和动脑的机会。

比如，我们可以为孩子提供一个旧的闹钟，让孩子拆卸下来，动手了解其原理，不但培养了孩子的动手能力，还开发了孩子的智力。

2. 制订训练孩子智力的计划

人的智力发展在一定程度上有一个渐进的过程，因此，父母不能以为智力超常孩子接受能力强，学的知识越深越好，这是不符合科学育儿原理的。父母要根据孩子的实际能力，制订一套适合孩子身心特点的教育计划，安排的内容既不能太深，也不能太浅，太深的学习内容会让孩子因学不会而觉得沮丧，对学习失去兴趣；太浅的学习内容会让孩子觉得自己懂了而不感兴趣。并且，对于年幼的孩子来说，一定要寓教于乐，让孩子在玩乐中学习。

3. 培养孩子活泼开朗的个性

智力超常孩子不能整天只沉浸于自己感兴趣的事，还要让他们多了解周围其他事物，多与人交往，培养活泼开朗的个性。要鼓励孩子胜不骄、败不馁。智力超常孩子往往受到周围人们的称赞，这个时候父母要教导孩子不能骄傲，要坚持不懈地学习。有时孩子因失败会气馁，这个时候父母也要鼓励孩子不要灰心，开动脑筋，努力解决问题。

4. 端正对待智力超常的孩子的态度

古今中外，有很多很有天赋的孩子最后并没有什么大的成就。在中国古代，最有名的例子应该是王安石在《伤仲永》一文中所介绍的方仲永了。

故事内容大致是这样的：

从前，有个叫方仲永的人，祖上世代为农，仲永长到五岁时，并未接触过笔墨纸砚等学习用具，但突然有一天找父亲要这些东西。

他的父亲感到很奇怪，但还是向邻居借来了这些东西，随即，仲永立刻写下了四句诗，并自己题上自己的名字。这首诗以赡养父母和团结同宗族的人为主旨，给全乡的秀才观赏，大家都感到颇为惊奇，这么小的孩子，怎么有如此才华？

这件事一传十十传百，大家都知道了。从此，指定事物让他作诗，方仲永立刻就能完成，并且诗的文采和道理都有值得欣赏的地方。同县的人

们对此都感到非常惊奇，渐渐地都以宾客之礼对待他的父亲，还有的人花钱求取仲永的诗。

方仲永的父亲抓住了儿子这棵摇钱树，每天带领着仲永四处拜访同县的人，不让他学习。王安石听到这件事很久了。明道年间，他跟随先父回到家乡，在舅舅家见到方仲永，仲永已经十二三岁了。王安石叫他作诗，但作出来的诗已经不能与从前的名声相称。

又过了七年，王安石从扬州回来，再次到舅舅家去，问起方仲永的情况，舅舅回答说："他的才能消失了，和普通人没有什么区别了。"王安石说："方仲永的通达聪慧，是先天得到的。他的天赋，比一般有才能的人要优秀得多；但最终成为一个平凡的人，是因为他后天所受的教育还没有达到要求。"

仲永本来有很高的天资，但却因为没有得到后天的教育和引导，成了平凡的人；那么，现在那些本来就不天生聪明，本来就是平凡的人，又不接受后天的教育，难道成为普通人就为止了吗？

从方仲永身上我们可以看到两种对待超常儿童的错误态度。

第一，从儿童自身的角度来说，孩子在别人的称赞中，极容易生骄傲之心，认为自己不需要努力了。第二，孩子置于舆论评价下，会产生巨大的心理压力，其实即便是一个成人，面对这样的情况也难以应付，更别说孩子了。直到有一天他们觉得不堪重负了，就很容易消极地逃避发展，将自己超常的才能隐藏起来，宁愿做个平凡的普通人。这样我们的培养计划就会宣告失败。

可见，并不是所有具有超常才能优势的孩子最终都能有非凡的成就，这多半是父母的不正确态度造成的直接后果。

及早挖掘和引导孩子的天赋

作为父母，我们都希望自己的孩子在某一方面有特殊的才能，也就是天赋，天赋是孩子智力能力高低的一种重要展现，天赋能让孩子产生强烈的学习兴趣，并形成自己的竞争力。然而，不少父母会说：我的孩子就是个普通人，哪有什么天赋""孩子越长大越没出息了"……那么，现在，你不妨来回想下，当你的孩子唱歌跑调时，你是否马上上前纠正，并且还说："别再折磨我们的耳朵了！"女儿把刚从幼儿园学到的舞蹈跳给爸爸看，爸爸看完后笑得肚子都痛了，最后给了女儿一句评价："宝贝，你的舞蹈好奇怪呀！"……然后，孩子再也没有了唱歌和跳舞的欲望了。要知道，孩子小时候很敏感，作为他们最亲近的人，父母这样对待他们的"作品"，这对他们的心理将会造成很大的伤害，这些消极的声音会严重地打击他们的积极性，阻止他们沿着天赋的道路继续走下去的脚步。

因此，作为父母，我们要明白，我们的孩子都是有天赋的，前面，我们也分析过，孩子的任何一种天赋，都是随着孩子年龄的增长而逐步递减的，对孩子的早期教育越早越好，儿童教育专家也认为，孩子的天赋，三岁就能看出来，而对其天赋能力的开发，要在其童年时就开始。当你发现你的孩子童年时在某一方面表现出兴趣时，千万不要扼杀和打压，而应该给予积极和鼓励的声音。有位妈妈这样述说自己在培养女儿音乐天赋上的成就感：

"我的女儿是有音乐天赋的。在幼儿园时老师就称赞她，主要是她唱歌的音调、节奏都不错。回到家，女儿会自己打开音响，播放贝多芬和朗朗的钢琴曲。我不会去管教她，让她去学音乐，但我会支持她。所以从老家搬出来以后，两个月前我特地买了一套音响设备和贝多芬的全套钢琴曲，还有朗朗的钢琴曲。起初是我到用餐时放朗朗的曲子，很快她就喜欢上并习惯听了。还说朗朗是她的最爱！不久我换了贝多芬的曲子，她也慢

慢习惯听了，到现在，她会在用餐时间主动放曲子。"

这位母亲的教育方法是值得我们学习的。其实，我们的孩子都是一粒亟待发芽、抽枝、开花、结果的种子，也许他们是玫瑰花种，将来会绽放绚烂的玫瑰；也许他们是一株小草，将来会焕发出绿色的、倔强的生机……然而有一点不容置疑：孩子天赋的发挥离不开父母的支持和鼓励。

在支持和鼓励孩子发挥天赋这一问题上，我们父母要做到：

1. 鼓励孩子大胆尝试

孩子都是充满好奇心的，他们很喜欢尝试，对此，家长应给予鼓励和指导，千万不要打击孩子的积极性，即便是做错了，也不要训斥，要积极无条件地关注自己的孩子，鼓励和帮助他们树立自信心，排除挫折，远离无助感。

2. 不要用成人的眼光去评价和打击孩子

孩子喜欢唱歌、跳舞或者其他活动，但表现得却很一般，孩子毕竟还小，他们对该活动还没有系统的学习，但如果孩子表现出强烈的兴趣，那么，我们就不要用成人的眼光去评价孩子的歌声，更不要去打击他们。

比如，如果孩子咿咿呀呀唱歌，虽然你无心嘲笑孩子，看似无伤大雅，但却会给孩子今后的人生留下阴影，所以，不论孩子做的如何，我们都应该给予他们鼓励，支持他们，让他们尽情发挥天分。

3. 把孩子的愿望变成现实

孩子在某一方面再有天赋，如果得不到父母的支持，都会化为泡影，都不能使孩子走上正轨。我们只有做好了充分的准备，才能为孩子的天赋开掘出一条壮阔的通道，让孩子们的智慧之泉流淌。

有位母亲产生了这样的疑问："当我女儿在桌上不断地用手指比划着想象在练琴时，如果我们真的向她提供一架钢琴，这到底是件好事还是件坏事？假如我们这样做了，孩子的想象力就得不到应有的锻炼了……"

这位母亲的担心的确有一定道理，然而还是应该为女孩提供真正的钢琴。因为孩子的这一想象中的需求如果得不到满足，她的想象力一样受到限制，就会在这一点上停留过久。如果她拥有了梦寐以求的东西，就会得到及时的训练，提高自己的能力，甚至想象自己已经成了一名伟大的音乐大师。很多音乐家就是这样成长的。永远不要担心孩子的想象力会穷尽，因为一个想象的满足，会激发更新更美妙想象。

总之，童年是培养孩子高智商和天赋的重要时期，一旦发现孩子的天赋，父母就要积极地引导，这样，孩子所具备的那些天赋才会成为他们终身的财富。

好头脑并非天生，高智商的孩子可以这样"炼成"

作为父母，我们都希望自己的孩子能聪明，这是因为，任何人只要拥有一个聪明的大脑，就能够更加轻易地获得成功。为什么有的孩子聪明、智商高、学习好，而有的孩子笨、智力低、学习差？很多人认为是"天生"的，但心理学研究和众多数据表明，拥有超常智力的人仅占总人口的10%，那剩下90%的人注定无法变聪明了吗？

答案是否定的，对此，瑞士心理学家皮亚杰告诉了我们答案。他对人类的智力、认识与思维发展、儿童的各类概念以及知识形成的过程进行了深入的研究，且他的研究最为著名、影响最为深远，他甚至被誉为心理学史上除了弗洛伊德以外的另一位巨人。他曾提出了"发生认识论"这一伟大的理论，进而科学地阐述了人的智力和知识增长的心理机制，在人类认识自我的道路上具有重要的意义。

皮亚杰认为，所有认识论的问题都不能避开生物学方面的原因，高智商的先决条件是拥有一个健全的大脑，但这不代表他认同先天论，实际

上，他是反对的。他认为，无论是认识还是智商的高低，都不是先天遗传的，也不是简简单单地来自对事物的知觉，而是在动作中产生的。

他认为，"动"是智慧的起源，一个孩子，越早"动"，就越聪明，而作为父母，不但要允许孩子"动"，还要引导他们多"动"起来。我们要认识到，孩子的潜能都是无可限量的，潜力是需要被开发和利用的，而开发潜力效果最好、效率最高的时期是儿童时期。6~12岁是儿童好奇心和求知欲最为旺盛的时期，父母应该积极培育孩子的好头脑。需要对孩子的语言能力、记忆力、数字力、观察力、逻辑思维、判断力、想象与创造力等方面进行培养。

总的来说，我们可以遵循这样一些训练方法：

1.引导孩子多学习，智慧始于学习

任何一个孩子，从小到大，要学习的知识太多了，但是我们强调要学哲学。

什么是哲学？顾名思义，就是引导人们掌握智慧的一门学问，这个哲学的"哲"字就是聪明、智慧还有反思的意思。中国古代一般说的智者就是指哲人的意思，西方人认为的哲学就是见解、思想、观点，我们一般认为哲学就是自然知识、社会知识和思维知识的概括和总结。

一些人可能会产生疑问，我们成人可以学习哲学，儿童也可以吗？答案是肯定的。我们可以为孩子讲解一些哲理性强的故事，从小教育他们。知识本身不等于智慧，知识只是智慧、智商的必备的前提条件。要想提高智商，开发智力，必须学习知识，而且还必须提高运用知识、驾驭知识的能力，把知识升华为智慧。

2.引导孩子多实践

因为后天的社会实践是智商提高极为重要的途径。事实上，不少小时候看起来不太聪明的人，经过后天的刻苦努力也获得了很大的成功。

比如，爱因斯坦到四岁才开始说话，七岁才学会认字，即便是学校老师，都给他"反应迟钝"的评价，而且他在学校不合群，满脑袋不切实际的幻想。因此，他被勒令退学。所以开发智商，除了大量的学习理论知识以外，就是要实践，把学习的诸多的理论知识运用到实践中去，实践出真知，并通过实践把知识上升到智慧。

3.引导孩子多思考和多动脑

思考是锻炼大脑及开发智商的良方。

钢铁大王卡内基在自己的书桌上方贴着醒目的三句话："不能思考者是傻瓜，不想思考者是顽石，不敢思考者是奴才。"他说，每个人都必须要拥有两种最伟大的东西：思考和行动。你的思考决定了你的行动，锻炼自己的最好方法，就是多思，多用脑。

4.多激励孩子，激励能开启孩子的智慧

有一个小学老师课堂上爱提问，学生们也积极。

一次，班上所有人都举手，老师就让一个叫李小全的学生回答，但是这名学生站起来一句话也没说，之后几次课堂上，这个学生都举手回答前面那个问题，尴尬的是回答答案和第一次一样。课后，老师把李小全叫到办公室，问他为什么每次不知道还要举手呢？小全的回答很出人意料，他说全班同学都举手，自己一个人不举手，很掉价！为了不打击小全的课堂积极性，老师和他约定以后回答问题时，会的就举右手不会就举左手。

多次举左手，老师按照约定都没叫小全回答问题，直到一次，他举了右手，老师眼睛一亮，喊他起来回答。时间一天天过去，小全举右手的次数也越来越多，但师生间的约定一直在！就是这样一个小小的激励，让孩子的智商之花开得很鲜艳。

5.鼓励孩子多创新

我们今天的创新很多要从纷繁复杂的现象中去找规律。特别是有的学

生，哪怕是他异想天开，我们也不要泯灭他的创新思想火花。有些孩子偏科，无法升学，对于这样的学生，有越来越多的呼吁的声音希望给这些偏科生再次学习的机会。

不管你拥有怎样的教育理念，也不管你的孩子聪明与否，作为父母，我们都要在童年时期训练孩子的大脑，激活孩子头脑中的"死"知识，拓展孩子的视野，发掘孩子的智力潜能。总之，如果想让孩子拥有一个好头脑，那么，与孩子一起进行智力训练吧！

父母要为孩子创造益智的环境

前面，我们提及过心理学家皮亚杰的理论，他认为，越早"动"，"动"的越多的婴儿未来越聪明。另外，孩子实现其智能的提高和发展，与周围环境有很大的关系，他认为，如果一个"动"得不少的孩子，却整天只是和一个逻辑能力差、思想愚蠢缺乏理性的保姆在一起，将来也不可能成为高智商孩子。相反，为什么一些孩子比较聪明，原因自然有许多，但最重要的一点是后天环境潜移默化的影响。对家长来说，为孩子积极创造益智的环境尤为重要。那么，怎样为孩子创造益智的环境呢？

1. 扩展孩子的生活面

这能为孩子提供新颖的刺激，孩子的接受能力也会不断扩展。孩子刚出生不久，家长可摇铃铛给他听，挂彩色气球给他看。因为婴儿正是在不断对外界环境信息的接受与作出反应的过程中，提高了大脑和各种器官的灵敏性，进而加速了智力发展的进程。婴幼儿的生活环境较狭窄，但其智力发展速度又甚快，这就要求家长应经常带他们去看一些没有见过的东西，逐步扩大他们的眼界和知识范围。例如，可带孩子去动物园看看各种动物，或带孩子去儿童游乐活动场所。孩子走出了家门，看见、听到各种各样新颖的东西和声音，孩子就会产生一种新鲜感，孩子的兴奋点被激起，较长时间地集中注意力，从而提高他的观察力、想象力、记忆力，为其将来的学习奠定基础。

2.要给孩子尽可能多的自由，不宜过分限制他们的活动。

孩子的世界和成人的世界是不同的，他们对于成长道路上看到的很多事物，都会感到新奇，都有想探索的欲望，这也是孩子在成长过程中的一种本能的需要。对此，我们应该尊重孩子，让孩子自由探索，这样，他们才有更多的生活体验，才能成长得更快。而假如我们剥夺了孩子的这种权利，那么，他们就体验不到这种乐趣，也会变得越来越没有自信。

我们先来看下面一个故事：

曾经，在美国的一家大公司的集体办公大厅里，有一个漂亮的鱼缸，里面有十几条美丽的金鱼游来游去，凡是路过的人都忍不住多看几眼。

两年来，这些鱼因为养在鱼缸内，所以身体的尺寸从未变过，但有一天，它们的生活环境改变了。

这天，公司CEO的儿子来找爸爸，结果一不小心将鱼缸打碎了，可怜的小鱼没有了安身之地，大家都急忙为小鱼寻找各种容器。

最终，一个聪明的职员发现院子内的喷水池很适合养育这些小鱼，于是，人们把那十几条鱼放了进去。

两个月后，公司CEO吩咐工作人员再买来一个新的鱼缸，人们纷纷跑到喷水池那里去"迎接"小鱼回家，十几条鱼都被捞起来了，但令大家非常惊讶的是，仅仅两个月的时间，那些鱼竟然都由三寸疯长到了一尺！

到底是什么原因让这些小鱼在两个月内长这么多？原因有很多，可能是喷水池的水更适合鱼儿生长，也有可能是水中含有某种矿物质，也有可能是鱼儿吃了某种特殊的食物，但无论如何，我们不能否定的一个重要的因素是，喷水池要比鱼缸大得多！

这就是著名的"鱼缸法则"。其实，对于孩子的教育，何尝不也是这样呢？鱼儿需要广阔的空间生长，孩子也需要自由的活动空间，这会对孩子的智力发展大有裨益。

孩子的智力主要是在活动中发展起来的，活动能力是孩子智力水平高低的标志，限制孩子的活动就意味着限制了他们的智力发展。孩子的天性是活泼好动，只要他能拿到或搬动的东西，都可能成为玩具。

如他们把地上拾到的小木棍插在沙土里，自称在"种树"；把漏勺放在水桶里搅，说是"捞鱼"。这在许多家长看来是"胡闹"，因为家长只要求孩子干净、整齐、听话和守规矩，结果使孩子变得怯懦，不敢说、不敢笑、不敢跑、不敢跳。这种过分限制孩子活动的教育方法是极为有害的。家长应多带孩子去户外活动玩耍，多让孩子在操场上、公园里自由地做游戏，玩沙土、爬小山坡、奔跑跳跃。

3. 为孩子精心准备"精神营养"

孩子在童年时都爱玩，自然离不开玩具，同时也要进行智力开发，也就离不开图书，但并非所有的玩具都是益智的，家长在为孩子挑选玩具时，首先要考虑到孩子的智力水平，选购最能促进孩子智力发展的玩具，如小积木、拼插车板和塑料的小家具等。这些玩具可帮助孩子辨别不同的形象、颜色、物体等，这对孩子思维能力的提升与发展大有益处。认识物体，对孩子的手眼配合一致与思维能力的发展均大有益处。

图书对于激发孩子智力有其独到功能。图书中的故事基本上是以图为主，为孩子提供了生动的直观形象。但由于孩子理解能力欠缺，家长应帮助他们理解作品的内容，可先给孩子讲一两遍，然后让他们自己重述其内容，这有助于孩子的智力发展。

第 02 章

以小见大，敏锐的观察力训练孩子的好头脑

观察力在人们的生活中起到尤为重要的作用，在科学研究、生产劳动、艺术创作、教育实践、人际交往等领域，都需要人们拥有敏锐的观察力。对于孩子来说，6~12岁是好奇心和求知欲最旺盛的时间段，此时，通过观察，孩子可以获得感知世界和学习的机会，可以激发他们的动手能力和创新意识，对孩子的智力提升大有裨益，作为父母，我们必须重视孩子这一成长阶段的观察意识和能力的培养，并对他们进行观察训练，让孩子成为认真、细心且聪明的人。

观察力，对儿童智力发展至关重要

无疑，观察力是人一生中很重要的能力。尤其是对于孩子来说，观察是孩子认识事物的重要途径，也是智力活动的基础，还是完成学习任务的必备能力。没有敏锐的观察力，就谈不上聪明，更谈不上创新。苏联著名教育家苏霍姆林斯基曾说："观察对于儿童之必不可少，正如阳光空气水分对于植物之必不可少一样。"

6~12岁，是孩子好奇心最旺盛的阶段，此时，通过观察，孩子可以获得周围世界的知识。同时，通过观察，孩子还可以对周围世界的知识进行重组与创新。因此，我们父母都要在这一时间段培养孩子的观察能力，以此让孩子更好地感知世界。事实上，那些成功者，无不是在孩童时代就具有敏锐观察力的人。我们先来看下面的故事：

钢铁大王安德鲁·卡耐基小时候家境贫寒，他的家庭从英国移民到美国，那个时候他们生活拮据，衣食都成问题，没有钱读书，但即便如此，卡耐基依然很快乐。童年时代的卡耐基也是善于观察且聪明的孩子。

一天，卡耐基从朋友那里获得了一只兔子，这让他十分开心，过了一段时间，这只母兔子又生下了一窝小兔子。卡耐基高兴极了，但让他烦恼的问题又产生了，因为他发现自己连饭都吃不饱，哪里有钱买食物给兔宝宝们吃呢？

怎么办呢？卡耐基是个聪明的孩子，他灵机一动，想到了一个办法：他召集了所有小伙伴，然后请大家一起来喂养这些兔宝宝。喜欢小动物是孩子们的天性。卡耐基观察到这一点后，便和朋友们做起了交易：谁愿意拿饲料喂养一只兔子，这只兔子就用这个小朋友的名字命名。卡耐基的"认养协议"很快得到了大家的认同。于是，小兔子都有了漂亮的名字，卡耐基担忧的饲料难题也迎刃而解。

从这件事中，卡耐基发现了一个道理：原来人们都喜欢自己的名字被人知道。

后来，在他事业有成后，他依然运用了这一道理。一次，为竞标太平洋铁路公司的卧车合约，他与商场老手布尔门的铁路公司之间展开了激烈的角逐，双方都希望能成功拿到合作机会，自然谁也不退步，就在这样的情况下，双方不断采取降价措施，最后到了几乎要亏损的地步，但还是不肯松口。

后来，卡耐基偶遇布尔门，尽管他们之前闹得不愉快，但看到老熟人，卡耐基还是微笑着伸出手，然后主动向布尔门招呼说："我们两家如此恶性竞争，真是两败俱伤啊！"接下来，卡耐基很坦诚地表示："尽释前嫌，合作奋进。"布尔门听到卡耐基这么说，很是欣慰，但对于合作的事，他并没有多少兴趣。

为此，卡耐基很奇怪，布尔门为什么不合作呢？于是，他追问原因，布尔门并不愿意回答，而是神色怪异地问："合作的新公司叫什么名字？"

听到这里，卡耐基终于明白了，原来对方考虑的问题是——谁才是老大？此处，他想到了当年认养兔子的事，才恍然大悟，然后，他赶紧补充道："当然叫'布尔门卧车公司'啦！"布尔门简直不敢相信自己的耳朵，而卡耐基又明确无误地确认了一遍。

于是，两人冰释前嫌，强强联手，签约成功，双方从中都大赚一笔。

现在全世界都知道"钢铁大王"卡耐基，又有几个人知道布尔门？卡耐基就是个善于观察的人，年幼的卡耐基就发现了人们都爱名声的道理，在成年后与布尔门的合作中也利用了这一点，顺利完成合作。可见，观察是智慧最重要的能源。

儿童发展心理学家们曾指出，求知欲和学习兴趣是孩子智商发展的主要动力，独立思考能力和自信心对孩子未来自主发展并积极适应社会至关重要。

孩子喜欢观察，这能激发他们的独立思维能力。对孩子来说，观察力是促进智力发展的基石，是孩子获取更多信息、丰富表象、发现事物之间联系的基础，对孩子关于想象力和思维能力的发展都尤为重要。

在孩子的眼里，世间万物充满神奇色彩，且他们喜欢问长问短，总喜欢将问题探出个究竟来，比如，他们会经常问："妈妈，为什么太阳是圆的？""妈妈，为什么爸爸比你高？""爸爸，为什么我们有两只眼睛？"……

虽然很多问题会让我们觉得"幼稚"，或者是"哭笑不得"，有的连我们也回答不上来，但这确实是孩子观察和了解世界、获取知识、解疑答惑及发展智力与能力的重要途经，当孩子在日常生活中提高了观察力后，他们会更加主动、更加充满兴趣地去探索，从而在观察中满足自己的求知欲。

孩子天生充满强大的好奇心，他们也能通过自己的认知和情感发现更多新奇的事物，感受更多神秘的情感。

总的来说，父母应从小培养孩子的观察力，开启孩子的心灵之窗，激发孩子的探索欲和求知欲，去发现生活中更为丰富美妙的世界。

尽早培养孩子敏锐的观察力

教育心理学家告诉我们，孩子到了6岁以后，对周围的事物十分敏感，为此，专家建议，我们家长应该根据这一点尽早培养孩子的观察能力。因为观察是人一生中很重要的能力。一个人的观察力如何，直接关系到他的一生。我们的孩子也是如此，因为观察力是获取信息和资料的重要途径。不会观察的孩子，不可能拥有杰出的智慧，也不可能成就非凡的事业。所以观察力很重要。

因此，作为父母，我们也要培养孩子成为生活的有心人，在生活中有意识地提高他们的观察力。然而，授之以鱼，不如授之以渔。要想培养孩子的自主观察能力，还需要从孩子自身出发，激发孩子的探索欲望和求知欲。

可令人遗憾的是，在现实生活中，很多家长并没有把观察力的培养放在应有的位置上，他们不惜一切代价对孩子实施智力与技能培训，却唯独忽略了孩子观察能力的培养，这在很大程度上抑制了孩子思考能力与创新能力的提高，是不可取的！为了您的孩子能够更好地感知世界，请着重培养孩子善于观察与发现的眼睛吧！

6岁的娟娟相对于其他同龄的女孩来说，显得格外活泼好动。周末，妈妈带她到公园去玩。妈妈一边在前面走着，一边轻声和女儿交谈着，可是一回头却发现小家伙不见了，妈妈急忙四处寻找，发现在不远处的草地上，娟娟正趴在上面，专注地玩什么东西。

妈妈悬着的一颗心落了下来，她悄悄地走到娟娟背后，发现小家伙正专心致志地用一根草棍拨弄着一只小蚂蚁，翻来覆去，仔细观察蚂蚁的每个动作。"宝宝，你在干什么？"妈妈问。"妈妈，我正玩小蚂蚁。"娟娟连头也没回。妈妈受到了启发，明白这是孩子好奇心的表现。

回家后，妈妈给娟娟买了一只玩具小鸟、它会叫、会飞。娟娟高兴极了，爱不释手，她专心致志地观察小鸟的各种动作。第二天，当妈妈下班回家，却发现女儿正动手拆玩具鸟，桌子上已经有了几个小零件。见妈妈来了，娟娟显得有些害怕。妈妈故意板着脸问："你怎么把玩具给拆开了？"娟娟怯生生地说："我只是想看看它肚子里有什么，为啥会拍翅膀、会叫。"

妈妈很高兴，她相信：会玩的孩子才能会学，她必须抓住这个时机，培养孩子的智力。于是，她鼓励女儿说："宝贝，你做得对，应该知道它为啥会拍翅膀。"听了妈妈的鼓励，娟娟高兴极了。不一会儿就把玩具鸟给拆开了，并对里面的结构观察起来。

娟娟妈妈做得对，会玩的孩子才会学，活泼也是一种气质，每一个活泼好动的孩子，总是具有敏锐的观察力、想象力和思考力，而这些是成才的关键。一位教育名家曾充满深情地说："我最爱孩子熠熠发光的眼睛，因为那是求索的眼睛，是追问的眼睛，是善于思考与观察的眼睛。"可是，在今天，许多孩子眼神涣散，做起事来漫不经心，对生活缺乏敏锐感知力与观察力。

可以说，良好的观察力是孩子智力发展的重要条件。不过，孩子的观察力并非天生，而是在成长过程中，通过长期的观察训练获得的，然而，真正观察力的获得是需要运用思维的力量的，不带着头脑的观察也是无效的。

生活中，我们要有意识地培养孩子，告诫他们要做到留心身边的一事一物。然而，我们还应该认识到的是，人的眼睛所看到的事物往往是表象，具有不真实性。因此，我们必须在孩子观察前和观察后都要引导他们进行一番信息的搜集工作，有目的、有计划的观察活动才是真实有效的、准确率高的观察。

然而，对孩子观察力的训练并不是毫无章法的，为此，你可以从如下几个方面入手。

1.告诉孩子要明确观察目的，提高观察责任心

生活中，我们成人做事都是为了达到一定的目标，孩子也只有带着目

的进行观察，才能提高责任心，才会对自己的观察力提出较高的要求，从而提高观察力。

明确观察目的，包含两层意思：

第一层是认识到观察的重要性，认清观察对自身智力与非智力发展的重要作用；第二是在观察事物前，都要有明确的目的，即观察什么，为什么观察。

比如，你可以找出一个家居用品，让孩子观察其颜色、形状、大小、用途、特点等，在观察的过程中，你还可以让孩子边观察边用语言描述。

2. 帮助孩子明确观察对象，制订观察计划

这样就可以让孩子将观察力指向与集中到要观察的对象上，并按部就班，从容观察，从而提高观察力。

比如，让孩子自己学会种一盆花，然后每天观察其变化，还可以写观察日记。这样的观察活动，孩子既有兴趣，又有丰富的内容，效果很好。

另外，也可以让孩子自己学会煮饭，如多少米，怎么淘，放多少水，大火烧多长时间，小火焖多长时间。先是让孩子观察我们父母怎样做，然后自己一边学着帮忙，一边观察。学会了做饭，也提了观察力。

3. 告诫孩子观察时要全神贯注，聚精会神

注意性是观察力的重要品格之一。只有提高注意性，对观察对象全神贯注，才能做到观察全面具体，才能收集到对象活动的细节。

4. 观察小动物

孩子在很小的时候就喜欢观察一些小动物，如小蚂蚁、小蝴蝶等，因为这些小动物很有特点，能引起孩子的观察兴趣，观察这些小动物，对孩子的观察能力提升也大有益处，通过观察小动物，让孩子发现自然界的奥秘，通过观察身边细微的事物来认识世界。父母在陪伴孩子观察时，也可以给孩子上一堂生物课，如孩子观察小蝌蚪，父母可以教孩子关于青蛙成

长的知识，增加孩子的知识点。

5.传授给孩子良好的观察方法

不懂得观察的方法，这样的观察是不会发现什么的，对学习也不会带来益处；相反，还会浪费时间，影响工作的效率。因此观察事物必须掌握不同的方法。

常用的观察方法有：全面观察和重点观察；在自然状态下观察和在实验中观察；长期观察，短期观察，定期观察；正面观察和侧面观察；直接观察和间接观察；解剖（或分解）观察，比较观察；有记录观察和无记录观察，等等。观察不同的对象，出于不同的目的，应事先考虑用什么样的观察方法。有时候，需要几种方法配合使用。

总之，我们父母可随时随地提醒孩子注意观察事物，给他们探索的机会，观察之后，还应问一问他们看见了些什么，学会了些什么。当他们向你作"报告"时，作为父母，你应该留意倾听并适时点拨，让孩子得到鼓舞。

保护孩子的好奇心，鼓励孩子探索和观察

生活中，作为父母，当你的孩子缠着你问"为什么"的时候，你是怎么做的？耐心地为他解释，还是批评他多事、厌烦？其实，孩子开始问"为什么"，这表明他们开始展露他们的好奇心。在孩子成长的过程中，好奇心非常重要，这是他们探索世界的动力。父母要学会挖掘、保护孩子的好奇心，鼓励孩子积极观察和探索，这是孩子主动求知的一个过程，在这个过程中，孩子的智力得到了训练，会变得更聪明。

达·芬奇出生在一个富裕的家庭，他一直很喜欢大自然的美景，且他一直想要将大自然的美丽景色呈现出来。他经常坐在草地上画那些昆虫、树叶等，

对于这些在外人看起来很奇怪的爱好，他的父亲不但没有指责，反而给予儿子肯定与支持。在父亲的帮助下，达·芬奇很快在镇子里成了"小画家"。

一次，有位农民交给达·芬奇的父亲一块木板，希望达·芬奇能在上面作画。达·芬奇将木板刨平，用锯做成盾牌的模样。等完成之后，他便在上面画了自己最熟悉的小动物。画成后，他拿去给父亲看。父亲看到画面不但结构合理，而且很逼真，画上的动物，如蛇、蝙蝠、蝴蝶、蚱蜢等小动物就像是真的一样。父亲高兴极了，决心支持孩子去学画画。

在父亲的大力支持下，达·芬奇更加用心地投入到了绘画的学习当中，在绘画的世界里，他如鱼得水。后来还成了维罗奇奥的弟子。维罗奇奥是当时著名的画家，在他的指导下，加上达·芬奇自身的努力，终于成就了达·芬奇的不凡成绩。

很显然，达·芬奇的成功有很大一部分原因来自父亲的支持。在现实当中，当你的孩子对某一方面产生兴趣时，你是如何做的呢？你有没有愉快地参与进来？在孩子全身心地投入观察某个事物时，你会不会任意打断？

的确，人都是充满好奇心的，对于自己不明白的问题，我们总是想探个究竟。这一点，在孩子身上体现得尤为明显。常常会向父母问这问那，但很多父母，却对此感到不耐烦，其实他们往往忽视了最重要的一点：好奇心是促使孩子学习、成长的良机。

其实，我们的孩子都是这样成长的：先对事物充满好奇，然后产生了继续探究的兴趣。并且，因为对世界的好奇，孩子会经常进行各种嬉戏，在各种竞赛过程中，它们学会了"自信"，同时，也提高了生存的技能。

具体来说，在激发孩子观察和探究的欲望时，父母可以从以下几个方面入手：

1. 培养孩子浓厚的兴趣和好奇心

兴趣和好奇心是提高观察力的重要条件。孩子具有好奇心，对其观察

的对象有浓厚的兴趣，他就会坚持长期持久的观察而不感到厌倦，从而提高观察力。

2. 孩子发问，就要积极回答，不要挫伤孩子的积极性

如果孩子问你"为什么"，父母不要以"以后你就会明白了"等敷衍、塞责的话回应孩子。父母应认识到，好奇是孩子认识世界、实现社会化的起点，如果不予以支持和鼓励，将会挫伤其积极性。

3. 为孩子提供动脑、动手的机会

生活中，你可以利用孩子好动的特点，为他们多提供动手的机会，比如，他的小玩具坏了，你可以让孩子试着修修看，让孩子体验到一种自我成就感和乐趣。

4. 让孩子自己寻找答案

孩子对周围的事感到新奇，什么都想知道，对于这点，父母应该把探索的机会交给孩子自己，而不是把答案直接告诉孩子

对于孩子的好奇心，父母应该用正确的态度加以培养，不但要热情地回答孩子的问题，还要创造机会，培养孩子的好奇心，让孩子主动去探索、观察，促进他们求知欲的发展。一时回答不了的问题，不能一推了之，更不能胡编乱造，而应努力与孩子一起寻求正确的答案。

引导孩子带着目的观察，让观察更有方向性

生活中，人们常说："细节决定成败"。的确，一个人若具备了善于观察细节的能力，他就拥有了洞察一切的能力，也就具备了创造力。很多人的成功，都来自智慧的运用。而智慧的产生又和人对客观事物的观察分不开。没有观察，就没有正确的思考，就没有新事物的发现，也就没有了

智慧与成功。要获得智慧，首先应该做的事情是：打开观察力的宝库。达尔文曾经讲过："我既没有突出的理解力，也没有过人的机智，只是在觉察那些很快就要消失的事物，并且对它们仔细观察方面，比一般人强些罢了。"另一位杰出的科学家、俄国的巴甫洛夫则在自己的实验室门外，工整地刻上了这样的话："观察，观察，再观察。"

而对于学习阶段的孩子来说，观察的目的性是学习的目的性的一个有机组成部分，它保证孩子的学习能够按照一定的方向和目标进行。

作为父母，可能你会产生疑问：该如何帮助孩子提高观察力呢？人的观察力虽然受先天生理、心理因素的影响与制约，但主要是在后天实践中形成和发展起来的。可见，你需要在日常生活中帮助其养成观察的习惯，进而提高其观察力和思维能力。另外，极为重要的一点是，为孩子指定观察任务时，要引导孩子带着目的观察，以此提高观察的准确性。我们先来看看下面的案例：

一天，在一个大型会场内，40名心理学家正在开会。

会议正在进行时，突然有个人闯进来，后面还跟了一个手持短枪的黑人，两个人当场搏斗起来。随后，黑人开了一枪，两人又一道跑了出去。这个紧张的场面仅仅持续了20秒。事件结束后，心理学家让与会的40名心理学家写一份观感报告，在40篇报告中，居然有36人没有察觉到那个黑人是光头！

心理学家的观察力一般都是比较强、比较精确的。但是，这一次，为什么有这么多人在观察时失之偏颇呢？

这是因为，心理学家们在经历这一事件时，并没有进行心理准备，他们都没有明确的观察目的，也没有任何观察计划，所以对"黑人是光头"这一重要的事实"视而不见"。

这一事实说明，要进行有效的观察，就要明确观察的目的，制订相应的计划。人们常说，"内行看门道，外行看热闹"。这也从侧面表明观察的效果与是否有观察计划有直接的联系。

然而，不少父母发现，我们的孩子都有粗心大意的毛病。粗心大意的根源，在于他们对一些事情抱着敷衍的态度，持一种侥幸的心理，没有把事情放在心上。或者这些孩子会认为，现实中有多少人能够把事情做得那么十全十美，做事的时候，能做个大概、差不多就可以了。但正是由于这种马虎的态度，使原本能够做好的事情，就差那么一点点而前功尽弃。

那么，具体来说，我们该如何引导孩子做有目的的观察呢？

1. 告诉孩子要有目的的观察

要告诉孩子，要针对他们想了解的方面，通过有效的观察和了解，找到对自己有指导意义的事情。

2. 要在日常的生活中多锻炼自己孩子的观察能力

你可以带孩子做一些小游戏，比如大家来找茬，就是要孩子养成一种对周围事物的敏感。与正常不一样的东西都要留意，从中总结和摸索。通过一些枯燥的数字游戏也可以锻炼他们的观察能力。这是所谓的观察。

3. 让孩子认识到感官的东西是最直接的，但有时候会有偏差

你可以向孩子举这样的例子：与人交谈中，并不知道他所说的是不是真心想的，很多时候都是在敷衍或者隐藏。没有人在开始就会表现得很真诚，除了4岁以下的孩子。这时候就要有更深的观察力。

另外，作为父母，我们自身要明白一点，观察是个很复杂的过程，而非技能经验和经历对于观察力也是有着很大影响的。你所经历过的事情，就很容易的知道事情的发展规律，如果没经历过，难免有顾忌和紧张。对于孩子来说，随着阅历的增加和信息的增长，他们会有更多的观察人和事的办法。

总之，没有观察，就没有正确的思考，就没有新事物的发现，也就没有了智慧与成功。我们让孩子获得智慧，首先应该做的事情是：打开孩子观察力的宝库。

多动脑，告诉孩子要将思维运用于观察中

我们已经了解到，一个孩子的学习能力如何，直接取决于其智力如何，而在高智商的培养中，良好的观察力是一个人智力发展的重要条件。然而，观察力不是自然而然形成的，它需要经过长期的观察实践和观察训练。其实，真正观察力的获得的是需要运用思维的力量的。不动脑的观察也是无效用的。

有个调皮的学生，在粉笔盒里放了一条正在冬眠的蛇，希望给新接班的女教师一个下马威。但那位教师巧妙地运用了一些方法，将消极因素转化成了积极因素。她待同学们安静下来后，带着余悸平缓地说："据说每位接我们班的新老师，都收到一份大家赠送的特殊礼物，王老师的灰老鼠、郑老师的大王蜂……而我呢，收到了一条水蛇。"她微微笑了笑，指着那条蛇说："我是第一次这么近看到蛇，刚才还摸到它，着实吓了一跳。不过我觉得捕捉这条蛇的同学挺勇敢，至少有一定的捕蛇经验……我相信，凭他们的能力，不仅仅能做到勇敢，还应该做出点其他什么，老师相信你们。"

那几个调皮的学生原本等着看"戏"，却没料到老师还表扬了自己，那可是非常难得的，可不知为什么他们就是高兴不起来，只是呆呆地听老师讲有关蛇的知识……第二天早晨，这位教师又踩着铃声走进教室，一股清香扑鼻而来，她惊喜地看到，讲台上的粉笔盒里插着一束野菊花，教室

里鸦雀无声……从此，这个班变了。

女教师从学生的调皮行径中，看到的不是孩子的"无可救药"，而是他们的能力，于是，她的一席话，寓庄于谐，似乎是一本正经地说笑话，却设置了一种心理相容的教育情境，对捣蛋学生进行了耐人寻味的教育，其教育效果是直面斥责和经济惩罚等教育形式难以企及的。

从这里，我们能看出，我们在开口前，紧盯着事物的不足不一定起到效果，而一反常态，从多角度观察，找到事物的另外一面，则会起到完全不一样的效果。

观察力说到底，就是对一件事物的留心程度，对你身边的每一个人或者事都要细心的去看，去思考，无论它是多么的常见与平凡，重在引发观察后的思考。

其实，科学探索是从观察开始的。英国物理学家法拉第曾说过："没有观察就没有科学，科学发现诞生于仔细的观察之中。"生活中，人们都会观察到"母鸡孵出小鸡"这一现象，可是，如果没有人去思考，像"发明大王"爱迪生那样去孵小鸡，我们今天会用到电热孵化器吗？如果瓦特没有积极思考水壶盖为什么被顶起，又怎么能发明蒸汽机呢？

在英国剑桥大学的卡文迪许实验室，一直坚持这样的规定：每天下午六点整，会有资历深的老研究人员，对在场的所有研究者宣布实验时间已到。如果谁听不进去继续做实验，那么，这位老实验人员就会搬出卢瑟福的话。因为卢瑟福说过："谁未能完成六点前必须完成的工作，也就没有必要拖延下去，倒是希望各位马上回家，好好想想今天做的工作，好好思考明天要做的工作。"卢瑟福的话意味着：在实验前、实验中、实验后都要进行认真思考。从此卡文迪许实验室的人记住了卢瑟福的忠告："别忘了思考！"

在中国的唐代，诗人李白也曾作出这样的诗句："人间四月芳菲尽，山寺桃花始盛开。"后人在读这两句诗时，都产生了这样的疑问：为何同在四月里，一个"芳菲尽"，一个"始盛开"呢？宋代大科学家宋括开始对此也大惑不解，直到有一次他登山游历，时值四月，发现山下桃花已谢，而西山上的桃花正在盛开，方才恍然大悟：原来山上山下气候不同，才有此奇观。由此十分叹服白居易的观察力。

可见，人们在不经意的观察中，要善于思考，发现问题、提出问题。正如爱因斯坦所说："学习知识要善于思考，思考，再思考，我就是靠这个方法成为科学家的。"

为了将思维带入观察中，我们需要引导孩子做到：

（1）要有目标地观察。

（2）仔细、认真、有序。

（3）多角度观察。

（4）记观察日记。

（5）对类似的事物进行对照。

（6）在观察中提出问题。

（7）运用多种感官去感知事物的不同特征。

总之，我们需要引导孩子在观察中做到善辨多思。良好的观察品质是善于发现细小的但是很有价值的事实，能透过个别现象发现事物的本质及事物间内在的、本质的、必然的联系，这就要求孩子在观察中要开动脑筋，积极思考。

让孩子学会在观察前多搜集信息，提高观察的准确率

观察力的重要性已经毋庸置疑，牛顿若不是观察到落地的苹果，就不会发现万有引力定律，就不会对人类科学做出巨大贡献。作为父母，我

们也要培养孩子的观察力，让他们学会留心身边的一事一物。然而，我们要让孩子认识到，人的眼睛所看到的事物往往是表象，具有不真实性。为此，还必须在观察前和观察后进行一番信息搜集的工作，有目的、有计划的观察活动才是真实有效的、准确率高的观察。

10岁的小健是个很聪明的四年级学生，他对周围的事都充满了好奇，生活中，他总是喜欢问爸爸妈妈"为什么"，后来，被他问烦了的爸爸妈妈就对他说："如果你不明白，你就自己去求证，这样不是更有意思吗？"小健点了点头，他觉得爸爸妈妈的话很有道理。

有一次，小健的脚趾上长了一个疮。周末的时候，爸爸带着他去医院清洗伤口，他看到医生用一瓶透明的液体擦在自己的脚上，很快，他发现，脚趾头上居然冒泡泡，小健感到很奇怪，就问医生："这是什么东西啊？好像不是酒精。"

"你怎么知道不是酒精？"医生问。

"酒精有味道嘛。"

"挺聪明的小孩。"医生对小健爸爸说。

就在小健准备和爸爸一起回家时，天突然打雷下起雨来，过了会儿，还闪电。小健又感到奇怪了，为什么先看到闪电，再听到雷声呢？短短一个周末，已经出现了好几个困扰小健的问题。

回家后，小健赶紧上网查资料，那种冒泡泡的物质是什么？雷声和闪电出现的时间为什么不一样？终于，他得到答案，消毒的是双氧水，之所以冒泡泡是因为双氧水在常温常压下容易分解成水和氧气，气泡就是氧气。而雷声在闪电后出现是因为光速比声速快很多。接下来，小健又产生了很多疑问，什么是化学反应，氧气又是什么，雷声是怎么出现的……

从那以后，小健对物理、化学充满了兴趣，尽管他在学校还没有接触到这两门课程，但他经常向其他高年级的同学借书来自学，现在的他已经成为了班级中的百事通了。

那么，生活中的家长们，你的孩子在遇到和小健同样的疑问时，是不是也会主动求证呢？

我们观察到的往往只是现象，有现象就有本质。为了提高观察的准确率，我们最好在观察前后都多方搜集信息，并努力求证。

真正解决观察中的疑问，才是有效的观察。因此，我们要告诉孩子，在观察时也要带着质疑的眼光和追求到底的精神，这样，孩子的求知欲才会得到激发，才会不断获取知识。为此，在观察中，我们要告诉孩子掌握以下几条原则：

1. 知识准备充足

有效的观察，必须具备关于观察对象的预备知识，知识准备越充足，对观察对象的理解就越深透。

2. 对事物有顺序、有步骤、系统地观察

在观察某些事物时，遵循由表及里、由上至下、由突出到细致的特征等，按一定的顺序观察。

3. 敢于质疑观察结果，并要努力求证

有时候，孩子所看到的现象并不是事实的全部，因此，鼓励孩子最好再去寻找一些同类现象，如果前后几次观察的结果不同，更要鼓励他们寻根究底找到正确的答案。

总之，我们要告诉孩子，在观察时，一定不能停留在当下的现象中，而应该带勇于怀疑、努力求证的精神，这样的观察才是最准确的。

第 03 章

提升表达力，语言智力的开发让孩子更聪慧

　　6岁的孩子其语言功能已经逐步发育成熟，6岁也是孩子口头语言发育的最佳年龄。有意识地对孩子的语言进行训练，对日后孩子的语言表达能力，即口才的"天资"有很大的促进作用。因此，作为父母，要在孩子这一阶段对孩子进行语言智力的开发和口语表达能力的训练，并有意识地培养孩子的口才，进而培养出聪明伶俐、能言善辩的聪明孩子。

如何开发儿童语言智力

任何希望提升孩子智力水平的父母都深知语言智力开发对于孩子的重要性，它牵动着亿万父母的心。儿童教育专家提出，重视孩子的语言智力开发，使每个儿童都得到应有的发展，开发自身潜能，是年轻父母应具有的科学新观念、新技能，为此，我们每个父母必须要认识到对孩子进行语言智力开发的重要性。

我们每个人至少有八种智力才能：语言智力、数学逻辑智力、空间智力、运动智力、音乐艺术智力、人际交往智力、内省智力及博物学智力。语言智力是各种智力形式和各种优秀素质的基础，语言智力发展得越早，智力水平越高。

那么，什么是语言智力呢？

语言智力指的是一个人获得和使用语言的能力，包括语言的接受与表达能力。即听、说、认、读、写、口语及文字的理解能力和应用能力。人类的很多智力活动，包括记忆力、观察力、理解力及想象力等，都是建立在语言智力的发展基础上的。

那么，影响语言智力发展的因素有哪些呢？

除语言器官及大脑皮层语言中枢区的发育成熟外，周围的语言环境等因素也会造成影响。因此真正对孩子的语言发展起关键作用的是语言环境，是家长怎样教育和训练孩子的。

人们在日常生活中最重要的沟通媒介就是语言，每个孩子在成长过程中，通常也都会逐渐掌握一定的语言能力，孩子学习各种语言的过程，不但能改变其大脑构造，还能培养和提高孩子的学习兴趣及热情，使孩子从小形成较强的学习能力。

婴幼儿语言智力的开发源于自身的器官和智力天赋。年轻父母在关注孩子健康的同时，为了孩子更加聪明，让孩子自身智力得以展现和表达，可以适当培养婴幼儿语言智力开发是必不可少的。

那么，我们如何开发儿童的语言智力呢？下面是几点建议：

1. 读书

任何年龄段的孩子都应该读书，只不过所读的书不同，阅读是发展语言智能的很好方法。作为父母，我们可以在晚上和孩子一起阅读，带领孩子读3分钟或5分钟的故事（当孩子长大时，时间可以增加）。

对6岁以上的孩子来说，可以让孩子阅读图画故事书：你可以先给孩子读故事，然后把书翻给他看，让他看看书上是怎样描写的。故事可以帮助孩子学习聆听和辨认声音；帮助孩子识别单词的意思；帮助孩子理解章节、顺序和情节的概念（即使这些术语可能没有表述出来）。即使，孩子太小而不能理解话的意思或不能理解那些描写的东西，但是，给他们读书能帮助他们获得一种对语言的价值的认知和语言之间细微差异的正确评价。

2. 讲故事

讲故事不但是建立亲子关系的好方法，更是发展孩子语言智力的必备方法。如果你和孩子一起步行或开车去某个地方，你要抓住机会讲个故事来吸引孩子。你不必每次都这么做，尤其是当你的孩子在能流利的表达时，你可以要求他来讲个故事。

讲故事可以让一次普通的亲子活动变成有意义的教育经历，你的故事也可以很普通，比如可以是自己小时候的故事，或自己编的传说，或是自己曾经做过的令人发笑的傻事，再或者就是你小时候读过的故事和书，故事不需要每个晚上都换。实际上，故事的重复、可预见，有一定的价值。孩子可以确切地知道接下来要发生些什么。

当孩子长到五六岁时，他们能够和你一起讲故事。由你开始讲，然后在一个故事逻辑发展的转折点停下来，孩子会把故事接下去。再过一段时间，他也能适时地停下来，让你接下去讲；你们两个交替进行，使故事不断地发展下去。当然，你经常要在讲故事的过程中表现出一种热情，让孩子知道讲故事是一件很有趣的事情，语言是一种很有用的工具。

3. 书写

6岁以后的孩子，已经可以写一些字了，我们可以要求孩子简单地写一些字，而后慢慢训练他们写那些简短的字条和信要规范。

这些字可以是一些简单的问候语、感谢他人的话，或者是给地方动物园的一封信，这都无关紧要。孩子们需要习惯使用一张纸和一支笔来表达自己的想法。

4. 学一门外语

6岁以后，已经可以让孩子开始接触外语了，这是开发孩子语言智力的一个很好的方法，如果家长懂这门语言，可以在孩子面前使用，孩子会产生学习的欲望，如果父母不懂，可以借助书籍和一些电视节目让孩子慢慢接触。

5. 演讲

当然，这种演讲并不是非要正规场合的演说，而是随时随地可以开始的即兴演说。比如，周末，我们在和孩子去某个地方的时候，我们可以假装自己是个新闻记者，然后访问孩子，让他谈谈他觉得有趣的事件。可以提这样一些问题，比如"为什么你喜欢粉色？"或者"你对今早的××新闻有什么看法"这些"非正规"的讲话，无须许多准备。

6.朗读

朗读是培养孩子良好表达能力的重要方法，在此之前，我们可以为孩子做示范，让孩子学习如何有规律地朗读，这也是一个亲子互动的过程。

注重训练孩子的口才

作为父母，在日常生活中，我们都知道口才的重要性，同样，在儿童智力发展的过程中，口才的训练也是其智力训练的关键部分，6岁是孩子口头语言发育的最佳年龄。此时有意识地对孩子的语言进行训练，对日后孩子的语言表达能力，即口才有很大的促进作用。

也有一些父母认为，孩子的口才是天生的，其实不然，口才完全是靠后天培养训练出来的，而孩子口才的出现，正是儿童心理发展过程中一个显著的飞跃。孩子口才的获得，可以说是先天因素和后天训练所得，具体说来，父母应该做到：

1.了解孩子的语言发展过程，关注孩子的语言发展状况

孩子的语言发育是一个有序且连续的过程，在孩子出生后的一年半的时间，就能发出一些简单的单词了，如妈、爸等；2岁时，有的孩子会说一些简单句；3岁开始学说复合句。

作为父母，要在孩子很小时就丰富他们的生活内容，引导他们去观察生活中的各种现象，且要从那些看得见的事物入手，然后再到抽象的事物。先教他们说一些生活用具、玩具和交通工具等实物的名称，再让他们经常重复自己的各种动作的名称，摸一摸的摸、听一听的听、看一看的看等，一边说一边要做出具体的动作，这样学起来比学话快得多。

2. 鼓励孩子在平时表达自己的想法和感受

6岁以后的孩子已经有清晰的表达能力，所以父母更应积极鼓励孩子说出自己的感受和体验、表达自己的观点。在这个时期，父母的鼓励，决定了孩子是否敢于发挥自己的语言天赋。

一位女孩曾这样自豪地说：

有一次数学课，我用一种简单的方法做出了一道复杂的题目，但是老师并不承认我的做法。当我把这件事情告诉爸爸时，爸爸对我说："女儿，你是对的！"后来，在我的成长中，经常会遇到类似的情况，但都是爸爸的那次鼓励给了我继续说下去的勇气！

3. 培养孩子的口才要趁早

我们经常听人们这样说："如果在6岁前没有很好地教育孩子，那么以后再怎样教育都是无济于事的。""在5岁前教会他所应该学会的知识，否则，长大后他会比别的孩子落后的。"这些话虽然不一定正确，但6岁前对孩子教育的重要性却要比我们所意识到的大得多。

6岁之前是孩子大脑发育的最关键时期，也是大脑发育最快的一个时期，到了6岁之后，他们的大脑发育就要减速了。因此在这一时期父母除了要教会孩子所应学会的那些技能，如说话、控制自己的情绪等之外，还应对他们的大脑进行保护。如经常向他们灌输一些好的情感，让他们远离那些危险的、有害的信息。

另外，在6~12岁，孩子的语言天赋已经能很好地表现出来。因此，在这一时期，父母除了要教会孩子说话外，还要引导孩子发挥他们的这一天赋。如鼓励他们朗诵诗歌；讲故事给他们听，然后鼓励他们复述等，这些都能在孩子语言天赋的基础上，极大地提高他们的语言表达能力。

另外，我们在培养孩子表达能力的时候，大人讲话的口齿要清楚，发音要准确。如果孩子表达不清楚，一定要及时纠正，不能任其养成习惯，更不要因为觉得孩子发音不准可爱、有趣，而不予纠正。

儿歌也是促进幼儿语言发育的好形式。儿歌歌词短而押韵，易学，易记，孩子一旦学会，经常可以表演背诵。家长先要学好儿歌，要表情丰富，掌握好轻重缓急，也可以结合实物、图片或游戏边玩边念。

4.根据孩子的个性发展其语言天赋

有些孩子依赖性强，有些孩子敏感，有些孩子孤僻，的确，由于家庭教育的不同和孩子的性格不同，很多孩子都表现出了自己的独特个性，父母们首先要做到的就是认同和接受他们的性格。在此基础上，父母才能有效引导他们发挥性格优势、避免性格劣势，从而培养他们的口才。

萌萌虽然是一个漂亮的小女孩，但她天生就有一种男孩的性格，她像男孩子那样喜欢爬上爬下，甚至一些小男孩都不敢玩的体育项目如单杠、双杠等，她都敢玩，而且玩得很出色；她有点看不起那些受了委屈、挨了批评就哭哭啼啼的小女生，相反，妈妈爸爸的批评、指责往往对她不起作用……对此，萌萌的父母很忧虑：这孩子怎么就没点女孩气呢？长大后怎么嫁人呀？

其实，萌萌父母有点杞人忧天了，虽然萌萌大大咧咧的性格有点像小男孩，但这种性格却有很多好处：她不像别的小女孩那样敏感、爱哭，做父母的要省心很多；而且最重要的一点是，这种大大咧咧的性格会使孩子拥有很多朋友。研究表明，不管是女孩还是男孩，他们都喜欢与那些不计较细节、性格有点大大咧咧的人交朋友，而且他们还摆出了几乎一致的理由：与这样的孩子一块玩不会累，而且可以玩得很开心。

以上只是一些较为粗略的建议，在生活中，父母可以抓住孩子的性格特点，鼓励他们多交朋友，培养他们的交际能力和训练他们的口才，这对他们以后的发展将会有很大的帮助，良好的口才是智力的重要部分！

让孩子养成每天阅读的习惯，提升语言能力

我们训练孩子的智力，使之成为聪明的人，方法有很多种，其中就包括读书，读书使人明智，而让孩子爱上书籍的一个重要方法就是让他们养成阅读的习惯。为此，我们要尽早地对孩子进行早期阅读教育，而儿童教育专家建议，6岁以后，孩子已经有了一定的阅读能力，此时培养他们的阅读习惯，不仅能丰富孩子知识，开阔孩子视野，陶冶孩子情操，而且能促进孩子思维能力、想象能力、口语表达能力的提高，同时还能促进孩子社会化认知和情感的发展。

事实上，孩子6岁以后，已经可以做到下面这些事：

1. 可以指认出熟悉的文字

他们可以指认某些日常生活中经常接触的文字符号，例如他们会告诉你他们认识《小金鱼逃走了》封面标题的"小"，这显示他们晓得文字不同于一般的图形，代表着特殊的意义，也有特定的读音。

2. 可以觉察出文字的不同功能

孩子也能从生活经验中了解到文字系统的功能，例如他们知道妈妈贴在冰箱上的购物清单和餐厅里的菜单内容，它们所代表的用处与功能就是不一样的。

3. 模仿与应用书中学来的新字词

经常和孩子共读图书，还可以促进他们对口语的理解和表达，他们不但会模仿共读中所学来的新字眼与复杂的句法，更会在日常生活中不断的尝试与应用。

4. 听音辨识的能力更加敏锐

若父母经常念童谣、儿歌等独具韵律的图书给孩子听，孩子对于语音的知觉会更为敏锐。

这些看似普通的阅读能力，其实累积起来，对于孩子的阅读兴趣与未来独立阅读能力的养成具有超乎想象的影响力，因此，父母应该对孩子进行早期阅读教育。

父母可以利用业余时间带孩子去图书馆，可以说，从小出入图书馆的人有着卓越的学识和特有的气质，因为读书是一项精神功课，对人有潜移默化的感染。这种特殊的气质，就是由连绵不断的阅读潜移默化养就的。

只不过，6岁孩子在身心发展上具有独特性，因此，该如何以孩子的发展特征为考量，为他们量身定制最适合的阅读内容呢？

1. 故事是孩子感兴趣的，能抓住孩子的注意力

很多父母抱怨，孩子往往没听完故事就失去耐性；其实导致孩子缺乏耐心的主因有两个：一是故事太冗长；二是故事不够吸引力。根据统计，孩子到6岁时的专注力平均长度才约有七分钟，因此过于冗长的图书内容一定会造成孩子分心。

但是，若能符合孩子的兴趣，他的专注力就能随之增加。因此可以选择图画色彩鲜明、容易吸引孩子的注意的书籍。与孩子生活有关，图画内容简单具体有趣，能让孩子有兴趣看下去，并让孩子有发挥创造力和想象力的机会。

2. 故事情节是孩子可以理解的，与他的生活经验相关

此阶段的孩子开始进入团体生活，认知学习的渴望也随之增加，阅读过程虽然还只是停留在对字面意义的理解，但他们对故事情节的进展的观察可是越来越敏锐了。因此，家长可以尝试提供稍微复杂的故事书给孩子，间接的也能增进孩子在认知上的进步。

只不过，要提醒父母在为孩子挑故事书时，避免书的内容超过孩子的理解程度；同时，故事的结局最好是明确、有条理的，当故事结局是模糊

或模棱两可的图书则较适合年纪稍长的孩子。

3. 可以激发孩子想象力的图画书

孩子到了6岁以后，其认真能力已经得到了提升，想象力也开始起飞；此时充满创意的图画书，最能投其所好了。因此，父母不妨挑选一些幻想类的图画书，引发孩子想象的空间。

4. 可增加社会情绪类图书

随着动作、表达、认知能力的增长，孩子已能展现更多的利他行为。因此，和孩子一起读读社会情绪类的图画书，除了帮他们更认识自己的情绪外，在孩子与同伴交往的过程中，更能帮助他们敏锐的同理其他小朋友的情绪感受、具备良好人际互动的技巧。这些让孩子有良好人际关系的能力，都是可以从阅读经验中得来的。选择与孩子情绪经验有关的图画书，和孩子一起读，这也是帮孩子处理情绪问题的一种方式。

5. 可以选择现在流行的书本形式

现在的儿童图书有多种形式，不仅仅有色彩鲜艳的平面设计书，还有立体图书、翻翻书、游戏书等，父母可以选择不同形式的书本，与孩子一起阅读，让孩子感受阅读的乐趣。

另外，我们家长需要注意，早期阅读不能和早期识字混为一谈，更不能被早期识字所取代，在强迫孩子大量识字的过程中，一个更隐性也更可怕的后果是很有可能会因此而抹杀孩子对阅读的兴趣，使孩子觉得阅读是一件痛苦的事情。

指导孩子阅读，在阅读中提升孩子的智力

作为父母，我们都知道，书籍是人类进步的阶梯，是智慧的源泉，让

孩子多读书，不仅能开阔孩子的眼界，最重要的是，能提升孩子的智力。所以，作为父母，我们要将阅读提上孩子智力训练的日程，但实际上出于很多原因，孩子在很小的时候对书籍的好奇及兴趣经常被以父母为中心的家庭教育扼杀了，有些家长认为"孩子应该把精力放在学习上，阅读太多影响学习"，他们忽略了孩子智商的培养也同样重要，读书使人明智，孩子的智慧很大一部分是从书中获得的，并且，爱阅读的孩子，不会太笨，学习成绩不会差。

教育专家认为，6岁的孩子已经有了一定的阅读能力，且好奇心旺盛，因此，我们可以抓住这一时机带领孩子多阅读，帮助孩子挑选到最适合他们和他们最喜欢的读物。

我们先来看看下面故事中的妈妈是怎么教育女儿的：

"我在一家私营企业担任会计，每天有数不完的事情，但即便这样，我还是不忘对女儿的教育。女儿今年6岁了，年初，我就和老公商量，谁有时间，就要带女儿去图书馆。刚好，最近我在电视上看了一个'书香润童年'的活动，主要是倡议我们鼓励孩子多看书。还记得我在北京读书的时候，第一次上古代汉语课，教授说他这辈子第一次去首都北京，最难忘的不是天安门，也不是长城故宫颐和园，而是首都图书馆，他说当他一走进首都图书馆的大门，立刻就被知识的力量震慑住了，浩瀚的知识海洋把我们映射的如此渺小。

'学无止境'，这就是图书馆给我们每个人的感觉。这天周末，我说去图书馆，女儿一脸的兴奋，不错，小家伙对读书不排斥。来到图书馆，我先办了读书卡，然后对女儿说：'小白，进到图书馆里面一定不能大声说话，因为叔叔阿姨们都在安静的读书学习，声音太大会影响别人，你要像楼下的小妹妹睡着了那样轻轻的走小声的说'，女儿用力点点头'嘘'了一下。

看了一下图书馆的布局图，我发现儿童读物在三楼，走到三楼阅览室，我再次对女儿'嘘'了一下，女儿非常配合，静静的随着我穿过一排又一排的书架，最后找了个位子坐了下来。小家伙找到自己喜欢的读物后，就乖乖看起来。

到下午五点的时候，我提醒女儿该回家了，她才不舍地离开图书馆，我问女儿有什么感受，她说：'妈妈，以后我们可以不可以自己盖一个图书馆，里面好多好玩的东西。'我知道，我们这一次图书馆之行起作用了，女儿爱上读书了。"

这位妈妈的做法是明智的，她有意识地培养孩子的阅读兴趣，并陪孩子一起读书，相信她的女儿以后一定会自信、健康地成长。

那么，怎样才能使孩子爱上阅读呢？又怎样指导孩子阅读呢？以下的建议也许会帮到你：

1.为孩子选好物，要小心地将每一本书放到孩子手里

有这样一句名言："一个人的后半生取决于他读到的第一本书的记忆。"因此，父母一定要很小心地把第一本书放到孩子的手里。然而，我们不得不说，现在的市面上，虽然儿童书籍很多，但并不是什么书都是适合孩子阅读的，真正有品位、适合阅读的寥寥无几。

作为父母要明白，如果一本书不值得去阅读，就不要过于强调孩子阅读的数量，甚至可以不让孩子去阅读，不然只会让孩子装了一肚子的书，却解决不了生活中的一个小问题。所以，我们要为孩子挑选到健康、积极、有益于孩子身心发展的书刊，不要浪费时间阅读垃圾文字。

2.注意培养孩子的阅读方法

6岁的孩子虽然开始识字，但是无法认识很多文字，我们要教孩子带着感情阅读，这样有利于培养孩子表达能力及想象力。父母可以选择大号字体印刷的书籍，或者指着文字大声朗读，来帮助孩子们阅读。母亲在读书

的时候孩子会跟着她进入书中的情节，很快孩子就会认识很多生字，并独自阅读。

3. 和孩子进行亲子阅读时，不要忽视身体语言的作用

模仿是孩子学习的主要方式之一，父母可以将书中的内容用丰富的肢体语言表演给孩子看，孩子在模仿的过程中就会更好地理解书中的内容，并能激发他们的想象力。睡前是最佳阅读时机，幼儿的浅睡眠时期最容易进行无意识的记忆，因此睡前的阅读一定要把握。

4. 家长们要将书本上的知识与生活认知结合起来

在和孩子一起读过海洋动物书后，就可以带他去海洋馆看看海豚、海豹到底是什么样子；看过植物书后，则可和孩子一起去野外认识各种可爱的植物。这样就可以使阅读变得很有趣，孩子的读书兴趣就会逐渐建立起来。

如何预防和矫正孩子口吃

在家庭教育中，我们很多父母发现，那些聪明的孩子往往口齿伶俐、表达能力强，而一些不善表达的孩子，在学习能力和思维能力上也有所欠缺，学习成绩往往也不理想。为此，教育专家提出，训练孩子的语言能力，对于提升孩子的智力水平的大有裨益。然而，在很多家长看来，训练孩子的语言能力中，最头疼的就是口吃了，很多父母感叹，孩子说话结巴都矫正不好，更别谈训练他们的口才了。

其实，这些家长可能忽略的是，口吃不是发音器官的毛病，而是一种说话时的严重心理障碍，主要表现为语言破碎。口吃的儿童，在唱歌、朗诵时都和其他孩子一样流利，但一说话就表现出发音困难，言语不流畅，在某

一个字上出现停顿，拖音或重复，同时呼吸紊乱，常感到气不够用，颈部和面部的肌肉紧张，胸部有压抑感，并伴有一些不必要的动作，如皱眉、噘嘴、耸肩、挥手等，好像要用很大的力气才能说出那个字。这种孩子表达能力差，与人谈话时很不自然，家长对此十分担忧，孩子本人也显得心事重重。

那么小儿口吃是怎样发生的呢？

1. 口吃产生于小儿学说话的过程

小孩在1~2岁时开始学说话，这时句子常有不完整、有停顿、拖音和重复现象，这和口吃一样，但这是正常现象。随着年龄的增长和语言能力的增强，说话流畅了，口吃也消失了。假如在学习说话的过程中，父母过于着急，总认为自己的孩子说话能力比别的孩子差，总说不清楚，不是耐心地帮助诱导孩子去改正口吃，而是采取责备甚至处罚的方式强迫孩子改正。这时孩子就产生一说话就紧张的心情，怕说不好被大人责备和取笑，久而久之就形成了口吃的毛病。

2. 模仿心理

儿童善于模仿，这是他们的特点，如果在同学、家庭或街坊邻居中有口吃的，或在电影、电视节目中看到有口吃者，儿童常常喜欢模仿，时间长了自己也变得口吃起来。

3. 口吃与孩子的性格有关

口吃的孩子常常性格内向，容易产生羞涩、自卑和紧张的心态，常把一些小事放在心上，经不起一点外界的刺激和微小的挫折，这时若稍有口吃并遭到周围人有意和无意的讥笑，就可能造成很大的心理压力，一说话就紧张，口吃也更严重，甚至造成严重的心理障碍。

4. 口吃受家庭环境的影响

如父母不和或离异，孩子失去家庭温暖，造成性情孤独、自卑；过度的焦虑、惊吓或某些疾病等也会产生口吃。由此看来，产生口吃的原因是多种多样的，有时可以是单一的，有时则为综合的因素。

儿童矫正的关键期在五六岁左右。儿童口吃如果没有正确系统的纠正方法，是很难治好的，因为儿童的抑制性条件反射不够巩固，控制能力不强，好奇好动、缺乏耐心，一旦养成一定的口吃习惯，平时讲话很容易出现重复、停顿、断断续续的现象，严重的口吃造成说话非常吃力；再者，儿童的心理不成熟，可塑性很强，很容易形成心理上的创伤，带给儿童严重的负面心理体验，甚至是终生的心理阴影。

儿童口吃病的预防和家庭护理（矫正）有以下几种方法：

（1）口吃虽然可以矫正，但预防毕竟重于治疗，预防口吃的措施需要在学语阶段中注意，家长的责任很大，注意引导和疏导，必须避免急躁。这是预防口吃和消灭"疾病萌芽期"的要点。

（2）对患儿多作耐心的语言辅导，启示患儿把话讲慢、讲短、节奏轻柔些。平时多与患儿交谈，并注意在对话和歌唱中不过严和过急。

（3）与患儿对话时，家长和老师要做到速度放慢、句子改短、咬字清晰、音节分明。

（4）谈话时，要鼓励患儿面向家长和老师，眼看家长讲话，最好让患儿站直或坐着，使之树立起自信大胆、正视旁人的健康心理。

（5）教育患儿多参加文体活动，多接触人，努力改变过去行动孤单、沉默寡言的坏习惯，使之加快心理意识倾向的转化以及语言和精神面貌的改观。

（6）对儿童讲话，除要用较慢的语言，还要有和蔼的目光，作为语言的感情和启发，使儿童消除紧张心理，为顺畅语言创造条件。

（7）父母间的吵架，甩东西，相互对骂，高声粗气等都会对儿童学语阶段的环境产生不利因素，父母应尽量避免和克制。

总之，儿童口吃矫正，一定要遵循"早发现，早干预，早治疗"，防微杜渐，家长千万不能漠不关心，让口吃发展到"不可收拾"的地步。早治疗好，儿童的心理上不留阴影，性格和心理也不会受到不良影响。

如何纠正孩子的自闭倾向

生活中，当有些家长还在埋怨孩子贪玩、不专心学习、太依赖人的时候，也有家长正在为他们的孩子不说话，不理人，行为怪僻而万分苦恼着。对于第二种孩子，这是一种自闭倾向。我们都知道，性格开朗活泼的孩子更聪明、具有更强的学习能力。因此，专家建议，父母一旦发现孩子有自闭倾向，我们应思考孩子的教养方式，并给予积极的干预和纠正。

其实，孩子有自闭倾向很有可能是不良教养方式形成的结果。如父母自身有手机依赖，处于沉默环境，同虚拟或无声的世界沟通，对孩子教养非常不利，应纠正自身教养方式。

具体来说，可以遵循这样以下这些建议：

1.帮助孩子树立自信心

有自闭倾向的孩子往往有自卑的心理特点，对自己是否有能力完成某些事情表示怀疑，结果可能会由于心理紧张、拘谨，使得原本可以做好的事情弄糟了，久而久之，他们就会封闭内心，不再尝试了。因此，父母要教导孩子在做一些事情之前就为自己打气，相信自己有能力发挥自己的水平，然后按照想法去努力就可以了。

2.经常和孩子沟通

和孩子沟通，能让孩子感觉到这个世界上不是只有他一个人。就算他不愿意多说，也要不厌其烦地去说，让孩子知道语言的世界是多么美妙。

3. 多带孩子出去玩

让孩子多接触大自然，这会让孩子感到心情开阔，心里会慢慢地放松，从自己的世界走出来。

4. 扩大孩子的交际圈和接触面

一般来说，自闭的孩子面对众多目光只是觉得不安，并非讨厌赞美和掌声，我们只要看看他们投向同伴的目光就知道了。因此，家长应有意识地扩大孩子的接触面，让孩子经常面对陌生的人与环境，逐渐减轻不安心理。闲暇时，带孩子和邻居聊上几句，帮孩子与同龄朋友一起玩耍，建立友谊；购物时甚至可以让孩子帮忙付钱；经常到同事、亲戚家串门；节假日，一家三口背上行囊去旅游，让孩子置身于川流不息的游客潮中……随着见识的增长，孩子面对别人的目光时，便会多几分坦然。

6岁的菲菲是个胆小怕羞的孩子。一天她随妈妈出门，遇见了妈妈的一位朋友。妈妈与朋友攀谈起来，菲菲胆怯地躲在妈妈身后，低头吸着大拇指。妈妈说："菲菲，这是丁阿姨，问阿姨好。"菲菲只是抬头看了阿姨一眼，就又低下头，继续吸她的手指。妈妈好言相哄，让菲菲走过来，但菲菲只是摇头。妈妈感到尴尬，可又不好在朋友面前发怒，只好向她的朋友道歉说："菲菲是个胆怯的孩子，我想她是不好意思。"

妈妈这么一说，无疑强化了菲菲的胆小怕羞。

很多家长错误得把孩子的内向胆小当作一个大的缺点来对待，急于纠正，但又方法不当。常常人前人后地提醒孩子，有的还强迫孩子在陌生人面前表现自己，当孩子不肯表现的时候，为了给自己一个台阶下，又当着别人的面说孩子内向胆小。这样不但不能纠正孩子的胆小怕羞，反而会加重孩子的自卑心理，使孩子变得更加的内向胆小。

5. 鼓励孩子多交朋友

交朋友是让孩子知道这个世界上还有那么多的人，和别人在一起玩比自己一个人玩有意思得多。

6. 多让孩子看一些英雄故事

这样可以激励孩子的英雄气概，让他们懂得帮助别人是一件多么有意义的事情。

7. 对孩子态度要好

千万不要因为孩子的行为而训斥孩子，因为这样的孩子你越是没耐心，他就越是容易把自己关起来。另外，当孩子不能大方与人交流时，父母不要斥责孩子。

一些有自闭倾向的孩子在与人交往时表现出扭捏、胆小、自信心不足，父母一味指责只会让孩子的自信心再次受到打击。可以想象，一个自信心严重受创的孩子，又怎么可能变得开朗大方呢？

8. 切忌与同龄孩子对比或者辱骂孩子

我们应该不失时机地与孩子沟通，给孩子以鼓励和赞扬，帮助并引导孩子努力克服自身的弱点，尽可能避免孩子因胆怯所造成的心理紧张，以缓解孩子的胆怯，促进孩子健康成长。

9. 多鼓励孩子在众人面前表演

有了家长的肯定，如果再加上外人广泛的认可，孩子的自信心会得到强化。带孩子走出小家，鼓励他们迎着外人的目光勇敢地展示自己，这个过程可能较长，孩子的表现也会有反复，家长应有充分的心理准备。不妨先从孩子较为熟悉的环境入手，亲友聚会是个不错的选择，面对熟识的人孩子会比较放松。比如家长可以看准时机，轻声对孩子说："今天是外婆的生日，如果为外婆唱首歌，她一定特别高兴。"要注意的是，家长不一定非得当众大声宣布，要给孩子留有余地，众人期盼的目光或是善意的笑声都有可能加重孩子的排斥心理。如果孩子还是拒绝，家长不要再施加压力，给孩子个台阶下："是不是今天没有准备好呀？那下次准备好时再唱吧。"同时，为了减轻孩子的负面情绪，还可以给他一个微笑或拥抱，或找出别的理由对孩子进行肯定。

第 04 章

记忆力训练，超强记忆开启孩子的智慧之门

　　我们的孩子到了6岁以后，就开始步入小学学习，有了升学任务，此时，他们最重要的任务就是学习，记忆力强的孩子往往更聪明，学习效率更快，不过，单纯的注重当时的记忆效果，而忽视了后期的保持，同样是达不到良好的效果的。因此，教育专家为我们父母给出建议，要对孩子进行记忆力训练，先要掌握一定的记忆理论知识，了解记忆的规律、帮助孩子找到适合他们的记忆方法，才能开启孩子的超强记忆能力，牢牢记住知识点。

记忆力训练，是提升孩子智力水平的重要保证

当孩子到了6岁以后，就要进入小学学习、有了升学压力，所以，此时，对他们来说最大的任务就是学习，学习是孩子获取知识的重要途径，并且，如何获取好的学习方法、提升学习效率，是每个学生都在寻求的答案，然而，要想让孩子善于学习且学习效率高，前提是保证孩子有个好的记忆力，记忆是孩子智力水平的重要方面。

所谓记忆，指的是经历过的事物在头脑中保持和重现的心理过程。有没有记住，主要看能不能再认，能不能回忆和能不能复做。记忆是一个复杂的系统工程，"记"和"忆"是两个不同的过程，记是把知识输入存储到大脑的过程，忆是从脑中调取输出所需信息的过程。孩子学习知识，不仅要将知识记在脑海中，更要有运用知识的能力，这就更强调记忆的重要性。

记忆是人类认识和改造世界的基础，是人类智力活力的一个重要组成部分。每个正常人都具有记忆的条件和能力，每个正常人天天都在和记忆打交道，每个正常人都在自觉或不自觉地记忆。

人脑是世界上最大图书馆。人脑的网络系统的复杂程序远远超过北美洲全部通信网络。一生孜孜不倦学习的人，其大脑存储的知识相当于美国国家图书馆的50倍。实际上，任何一个智商高的人，他们都比其他人更容易获得学习能力和知识，而其中重要的一点原因就是他们有超强的记忆力。

对于学习阶段的孩子来说，学习更离不开记忆。记忆在学习中起着至关重要的作用。无论是接受间接知识或积累个人的直接经验，都离不开记忆。同时，记忆离不开人们认识客观事物改造客观世界的实践活动。一个

人所具有的记忆力如何，关键还是靠实践磨炼提高。不同年龄的人宜采用不同的记忆方法，不同的记忆内容可采取不同的记忆方法，不同的环境条件下应采取不同的记忆方法。

在学习中，这样的情况更是比比皆是，无论是背单词、背课文，还是记忆数学定理等，能回忆起来，就说明了这个学生具备较高的记忆能力。

法国作家伏尔泰说："人，如果没有记忆，就无法发明创造和联想。"记忆在智力活动中的作用更是毋庸置疑的，对于孩子来说，无论哪门学科，都涉及到记忆，具体地说，记忆的作用主要有以下几点：

1. 思考问题离不开记忆

在学习中，解答任何一道题，都需要记忆，一旦离开了记忆，思考就无法进行，问题也自然解决不了。

比如，孩子做一道数学题，证明某个论点正确，但是在解答的时候，却将判定公理或者定理忘记了，此时自然就无法解题了。

思维是需要建立在概念的基础上的，而概念是需要记忆的，很多情况下，思维无法进行时，往往是因为忘记了概念，然后，在翻找了以后，思维又能继续进行。

已经在头脑中被感知过的事物如果不能再现，那么，思维也自然无据可依了。

2. 提升学习效率更需要记忆

如果孩子记忆力强，那么，他的头脑中就有一个"数据库"，在这个"数据库"中，蕴藏了很多有价值的信息，在新的学习活动中，当需要某些信息和知识时，就能从"数据库"中调出来，从而保证学习和思考活动顺利且快速进行。

可见，作为父母，如果想要让孩子提升成绩，提升智力水平，从而获得知识，就要重视记忆的作用。当然，我们也要提醒孩子，记忆绝对不是

对知识的死记硬背，并且，随着学习程度的加深，死记硬背更不能提升学习效率和效果，尤其是随着学习课程的深入，这种最原始的死记硬背的方法，除非你是天生的记忆天才，不然是没办法记得住那么多知识点的，单独一个历史教材就有上百万字，知识点有上千个。

这里，很重要的一个部分是知识的输出，一些孩子在记住了一个知识点后，就认为万事大吉了，但是一到考试就记不起来或者无法灵活运用，这就是对知识的输出能力差，要做好记忆的输出，关键的步骤是不断复习。记记只占整个记忆过程的30%，还有70%是需要在复习过程中完成的，如果只完成了前面的30%的工作，而忽略了后面的70%，记忆的效果自然可想而知。

总的来说，作为父母，我们要重视记忆的作用并且帮助孩子在日常学习和生活中提升训练他们的记忆力，以此帮助他们获得智力提升和学习效率的提升。

孩子的记忆力是天生的吗

孩子到了6岁以后，很多父母在观察孩子学习的时候发现，孩子才上小学，按理来说正是大脑最活跃的时候，但是记忆力却很差，学了就忘，刚教会的题目马上就又不会了。这让父母很苦恼。这到底是怎么回事，是孩子真的记不住还是故意记不住，孩子的记忆力是天生的吗？难道孩子真的笨？

关于这一点，科学家曾做出研究，在研究中，科学家发现，那些有过目不忘超常记忆力的人的大脑比起一般人的大脑没有什么特别的地方。

科学家得出结论：记忆力的高低取决于"记忆术"。

我们可以说，超强的记忆力来自刻苦的训练。为此，来自英国伦敦大学的麦克夸尔博士做了一次研究，研究的对象是获得过记忆冠军的8位选手，而研究的内容是他们对于大量的数字、诗词和数百个不相关的字任意出现的前后次序的记忆。

在对这些记忆冠军的研究中，麦克夸尔模式发现，他们的大脑并没有什么特殊的地方。在著名的医学期刊《自然神经系统科学》上，麦克夸尔博士发表了她的研究成果。她认为："一个人记忆力如何，与其智力高低或者大脑的结构并没有决定性的关系。"

英国兰卡斯特大学的伊兰德尔博士在接受美国有线电视新闻网的采访时说，最新的研究结果与在这方面的其他研究结果相吻合。他说："如果使用正确的方法，经常并刻苦地练习，记忆力一定会提高的。"

接下来，我们再看看这样一个关于孩子记忆力的实验：

有两个孩子甲和乙，他们被告知需要背诵一篇文章。

甲拿到文章之后就认真学习起来，一遍一遍地看，一遍一遍地读。

而乙拿到文章后，却不着急，慢慢阅读和理解手里的文章，然后闭上眼，似乎在思考些什么，然后睁开眼继续看，再思考，再看。

半个小时之后，两个孩子被问询背诵的情况，得知甲基本已经将文章的70%都记住了，而乙却说全文基本都还没记住。

又过去半小时，甲说已经全部背会。又过去了差不多半小时，乙说他也已经全部背会。

裁判给了甲和乙一人一部手机，让他们同时玩游戏。

两个小时之后，裁判检查背诵文章的情况时，结果出乎意料：甲磕磕巴巴将原本说已经背会的文章背对的比例不到50%；而乙的正确率高达90%以上。

二者记忆的差距，可能有很小的部分是天生的记忆差别。而最重要的原因是，二者采取记忆的方法完全不同。

每个人的记忆能力本就是不一样的，确实也有那么少数人天生就记忆力超群，但大部分孩子的记忆力还是需要后天的培养和锻炼来提升。

父母应该想办法去帮助孩子，而不是对孩子过于苛责，更不能认为孩子记忆力差是因为孩子没有努力用功。

的确，人的记忆力是不同的，对同一内容的知识，有的人记得快，有的人记得慢，这是记忆的敏捷性；有的人记得长久，有的人忘得快，这是记忆的持久性；有的人记忆准确无误，有的人丢三落四，这是记忆的准确性。这一点，对于学生来说尤其如此，即便是老师在课堂上讲的同一知识点，有的学生不费吹灰之力就记在脑海中，成为自己的知识，有些人却总是记不住。

然而，无论如何，作为父母，我们要认识到，好的记忆力都是练出来的，包括世界级的记忆大师们也都是靠后天训练培养出来的超级记忆力，一般比较有效的训练方法有三个：

（1）速读法（又叫全脑速读记忆）：速读法的基础就是快速阅读，一些人认为提升了阅读速度，阅读效果和记忆效果都会变差，其实不然，这二者是相辅相成的，因为速读本就是建立在右脑的图像记忆，而不是左脑的逻辑记忆，通过速读记忆训练的朋友都知道，速度越快记忆越好。

（2）图像法（又叫联结记忆术）：图像法也是运用右脑的图像记忆功能，发挥右脑想象力来联结不同图像之间的关系，从而变成一个让人记忆深刻的故事来实现超大容量的记忆。

（3）导图法（又叫思维导图）：思维导图是一个伟大的发明，不仅在记忆上可以让大脑里的资料系统化、图像化，还可以帮助你思维分析问题，统筹规划。

因此，我们可以说，记忆力非先天才能，而是后天努力。在家庭教育中，我们要想让孩子提高记忆力、提升学习成绩，就要有意识地下工夫，帮助他们找到属于自己的最佳记忆方法。

儿童记忆力差的原因有哪些

不少父母发现，上小学的孩子原本应该处在聪明活泼、记忆力旺盛的年龄段，但是却记忆力差、记不住知识，因此学习成绩总是上不去，这让很多父母很是烦恼，为此，我们有必要帮助孩子找到记忆力差的原因，方能对症下药。我们先来看看下面的案例：

小凯今年10岁了，他的爸爸认为未来社会语言能力很重要，于是，他没有征求小凯的意见就为他报了各种英语学习班，有口语班，有听力班等，小凯都没有自己的时间，周六上午去练口语，下午得听听力，还要做老师布置的课下作业，时间被排得满满的。

每当周末去培训班的路上，小凯看到同龄的孩子在自由玩耍的时候就特别羡慕。他多想和爸爸说他不喜欢那些培训班，但是看到爸爸陪他时的辛苦，又难以开口。他觉得很压抑，生活得很不开心，这些培训班已经影响了他的正常学习。事实上，小凯的英语学习成绩并没有提高，因为学习压力大，他的记忆力受到了很大的影响，他发现，就连背单词，他也总是刚背过就忘记了。

这里，我们发现，影响小凯记忆力的因素就是学习压力过大。的确，可能很多人和故事中的小凯的父亲一样，认为学习英语最好的方法就是勤奋、专注，只有勤奋练习，才能获得好成绩。其实，我们都知道，英语最重要的就是记忆。但如果压力过大，不但起不到提升记忆力的作用，还会起到反作用。

另外，人的大脑是存在一定的记忆规律的，这就是我们后面所阐述的遗忘规律，我们只有遵循这一规律，才能把输入的信息变成长时记忆。这就大大的说明了，各种速成学习法是靠不住的。最多只能增加你的短时记忆。而如果每周学习时间超过大脑可以负荷的学习时间，学习就会变得无

效，被大脑遗忘。

那么，影响儿童的记忆力的因素有哪些呢？我们可以做出总结：

1. 注意力不集中

注意力是记忆的基础，孩子注意力不集中，自然记忆力差。所以想提高儿童记忆力，首先要提高儿童注意力，提高其兴趣才行。这必须家长和老师共同努力，训练孩子的注意力。

2. 压力过大

严重的情绪危机和压力会对记忆力造成影响。

压力分为两种：一种是情绪压力，情绪可以是正面的愉快的，也可能是负面的，如恐惧或愤怒。一个人有良好的自制能力，情绪就会被压抑。另一种是生理压力，主要源于某方面的功能超负荷，如暴饮暴食、过度工作等。

适度的压力可以促进记忆力的发展。轻微的压力比没有压力更能帮助人们发挥潜能。

3. 睡眠不好

拥有充足的睡眠才是最可靠的能长久促进记忆力发展的好办法。

睡眠可以缓解大脑疲劳，同时制造大脑需要的含氧化合物，为觉醒后的思维和记忆做好充分的准备。适度睡眠为记忆和创造提供了物质准备，尤其是快速眼动睡眠阶段，对促进记忆巩固起着积极的作用。而熬夜和过度睡眠都会损害记忆力。

4. 不良嗜好

酒精对记忆有百害而无一利，酒精对脑细胞的麻痹作用很可能导致暂时性记忆丧失。

研究表明，吸烟会加速记忆力丧失。如果人到中年还有吸烟习惯，记忆力受损更加明显。最新研究显示，烟瘾大的人，即一周抽15根香烟以上的烟客，长久记忆与日常记忆都比常人差。

如何提高孩子记忆力？

家长首先要做到的，是要增强孩子记忆的信心，记忆力的好与差不完全是天生的，是可以训练的，记忆力是可以提高的。

如果孩子对自己的记忆能力失去信心，就很难提高。只有有信心，才能集中精力、开动脑筋、想方设法把它记住。因此，家长切忌打击孩子记忆的信心。如有的家长骂孩子"你什么都记不住，一点记性也没有，对你说了也是白说"等，是很不妥当的。家长要耐心帮助孩子，要多给予鼓励。从小培养孩子对自己记忆力的信心。

其次是要多培养孩子学习的兴趣。成人对自己感兴趣的东西往往很容易记住，对自己不感兴趣的东西，就要强迫自己花力气去记住。而年幼儿童往往做不到这一点，对不感兴趣的东西很难记住。因此要幼儿学习某种知识或技能，不能靠强迫命令，而是要激发其学习兴趣。

最后，家长和老师要指导孩子记忆的方法，善于运用各种记忆方法提高记忆力。家长要针对孩子的不同年龄阶段，进行记忆方法的指导。年幼儿童记忆保持时间短，记忆的主要方法是机械识记，要他们记住某种内容就要不断重复，可教他们背诵一些儿歌、诗歌，记住一些简单的科学常识。

入学前的儿童已会运用意义识记，可以教他们运用顺序记忆、归类记忆、联想记忆等方法。入学后要记住一篇课文，可用整体记忆和分段记忆等方法。

根据记忆的规律来训练孩子的记忆力

作为父母，我们要认识到，处于学龄期的孩子，他们有记忆就有遗忘，对于如何减少知识的遗忘速度，是很多家长都在帮助孩子寻求解决方法的问题，针对这一问题，德国心理学家艾宾浩斯（H. Ebbinghaus）研究发现了遗忘的规律，描述了人类大脑对新事物遗忘的规律。人体大脑对新事物遗忘的循序渐进的直观描述，人们可以从遗忘曲线中掌握遗忘规律并加以利用，从而提升自我记忆能力。该曲线对人类记忆认知研究产生了重大影响。

那么，什么是遗忘曲线呢？

德国实验学习心理学的创始人艾宾浩斯曾在1885年发表了他的实验报告，实验者记忆100个生单词的实验结果显示：

时间间隔	记忆量
刚刚记忆完毕	100%
20 分钟之后	58.2%
1 小时之后	44.2%
8~9 小时之后	35.8%
1 天后	33.7%
2 天后	27.8%
8 天后	25.4%
1 个月后	21.1%

这条曲线告诉人们，学习中的遗忘是有规律的，遗忘的进程很快，并且先快后慢。观察曲线，你会发现，学得的知识在1天后，如不抓紧复习，就只剩下原来的33.7%。随着时间的推移，遗忘的速度减慢，遗忘的数量也就减少。

从艾宾浩斯的记忆曲线中，我们可以得出一点，对于学生来说，在学习过程中，及时复习，可以抓住记忆的最好时机；经常自测，可以弄清哪些知识没学好、没记住，哪些地方容易混淆、有误差，以便马上核实校正。

作为父母，在家庭教育中，也要引导和督促孩子及时复习，"学而时习之，不亦乐乎！"然而，复习有时候是非常枯燥的，读、写、背、做题是永恒的主题。没有坚强的意志，想学好是不可能的。我们更要鼓励孩子持之以恒，将自己的各项计划按时完成，最终才能取得满意的效果。

11岁的玲玲成绩好的一个制胜法宝就是：复习工作做得很到位。每天放学回家后，她都会花一点时间，将课堂知识重新巩固一遍，对于那些没有弄懂的知识，她会寻求爸妈的帮助。他们不仅是她的父母，还是她最好的老师。课下的时候，同学们经常会谈论到自己的父母。

"我爸和我妈似乎一天都很忙，我放学回家，他们只会叮嘱我要好好学习，而从来不会花多少心思在我的学习上，更别说辅导我复习功课了。"一个同学这样谈到自己的父母。

"我爸妈倒不是，他们对我是盯得太紧了，我一回家，他们就会问我当天学了什么，从小学到初中这些年都是这样，这倒是一个很好的回顾、复习课堂内容的好办法，但回答完以后，我哪里还有时间去预习新课程？所以，我经常会觉得老师上课的内容很陌生。"

教育专家指出，课后一定要及时巩固复习，复习得越及时，知识就掌握得越快越牢固，这也是任何一个学生提升对知识的记忆效果的最为朴素的道理之一，然而，很多孩子一听到复习，就会认为是期末大考前的复习，其实理解得片面了。还有一项复习工作，那就是平时的日常复习。只有做好这两方面的工作，孩子才会取得一个很好的成绩。父母可以指导孩子掌握以下复习要点：

1. 及时复习

心理学的遗忘规律告诉我们：识记一结束，遗忘就开始了。遗忘的进程是先快后慢，先多后少。据此，我们要告诉孩子学习结束后要及时复习，趁热打铁。学习后在当天内复习一刻钟往往比一星期后复习一小时的效果更佳。特别是对外语单词、符号、公式等意义不强的学习材料更需如

此。及时复习犹如加固大厦，待大厦倒塌了再修补则为时晚矣。

2. 睡前复习

研究表明遗忘的原因之一是活动的干扰妨碍了记忆。国外有人（Jenkins和Dallenbear，1924）就做了这样的实验，让两名大学生识记同样的内容，一个熟记后睡眠，一个熟记后仍进行日常活动。结果表明后者的遗忘远远高于前者的遗忘。这是因为后继的日常活动干扰了前面的识记内容，睡眠则无此干扰。因此，若能在每天睡觉前坚持用一刻钟时间将当天学习的重要内容回顾一下，定能取得满意效果。

3. 多种形式复习

复习是对信息的重新编码，可采用看、听、记、背、说、写、做等多种形式复习整理知识，不必一味机械重复。科学指出，复习的效果在于编码的适宜性，而不在次数。

4. 分散复习

遗忘规律告诉我们，及时复习并不能完全解决遗忘问题，还需要不断地定时复习。研究表明在定时复习时分散复习优于集中复习，即一次复习两个小时，不如分为四次，每次复习半小时效果为好。此外，随着复习次数的增多；定时复习的时间间隔可逐步延长。

5. 试图回忆

有许多孩子复习时习惯一遍又一遍地读，实际上这是一种少、慢、差、费的复习方式。研究表明，有效的复习应多以试图回忆方式复习为好。即在阅读几遍材料后，就掩卷而思，尝试背诵，实在回忆不起的地方再重复阅读、尝试背诵。如此反复循环，直到记牢为止，且将全部练习时间的80%用来试图回忆，20%用来诵读的效果更佳。这种方法之所以能提高复习效果，主要是充分调动了思维的积极性，增强了学习反馈，避免了反复阅读。

6. 过电影

"过电影"就是指把所学主要内容、难点内容在脑中逐一闪现，全部回忆一遍。若能顺利、清晰过完电影，则说明掌握的知识比较牢固。若过电影卡壳，或若隐若现，则说明这些知识有待进一步复习。若在考试或测验之前，以过电影方式进行心理彩排，不仅可自我考察学习的效果，而且顺利地过完电影，成竹在胸，有助于增强信心。"过电影"通常是进行阶段复习或总复习的一种有效方式。

已经记住了的外语单词、外语课文、数理化的定理、公式等，隔了一段时间后，就会遗忘很多。怎么办呢？一个重要的方法就是学习后及时复习。

知识的积累，就像建造房子，从砖到墙、从墙到梁，是一个循序渐进的过程。家长在督促孩子学习的时候，也一定要让孩子养成复习的好习惯，复习的时间并不需要很长，但效果会很好，磨刀不误砍柴工，就是这个道理！

帮助孩子增强记忆力的9种方法

12岁的天天今年刚上初中，课业负担一下子重了很多。他在数学、物理这些科目上还好，但一些文科，比如语文、英语、历史、地理等科目，就头疼了，太多需要背诵和记忆的单词、地理名、文言文等，他经常第一天把这些知识点都记住了，但第二天就忘记得干干净净，一到考试更是想不起来。

为此，天天决定找妈妈谈谈，看看妈妈能不能给自己出点好主意。

妈妈告诉他："我很高兴你能找我谈，你刚升入中学，初中生的快节奏学习方法你还没有习惯，也有太多的知识点需要你去记，要问什么好的记忆方法，我只能说，每个人的记忆方法都不同，不过我也有一些建议，希望对你有帮助……"

和案例中的天天一样，记忆力差是很多孩子在学习中最苦恼的事情之一，课上老师传授的知识很快就忘记了，有时候一个单词本来已经熟练的记下了，可很快就忘记了，做事丢三落四。这就是记忆力差，事实上，记忆力也是可以增强的。

以下是我们可以引导孩子学习的几种记忆方法：

1. 兴趣学习法

兴趣是最好的老师，这话并不是毫无根据的。如果孩子学习毫无兴趣，那么，即使花再多的时间，也是徒劳，也难以记住那些知识点。

2. 主动学习、主动记忆

接下来，我们从这位家长口中了解下他的孩子是如何自动自发地学习的：

"孩子一两岁的时候，尽管离认字还早，但我们还是买了一些图画书，然后跟他一起"读"书，讲述书中的故事给他听，让他领悟读书的乐趣。从6岁开始，我们就常跟他说，家长在不在身边都要认真学习，学习不是为家长，也不是为老师，只有把学习当作自己的事情，才能把书读好。从小学开始，他就很自然地爱上了学习。每天下午放学回家，第一件事情，就是完成老师布置的作业。我们忙于自己的工作，从不盯着他做作业，也很少去检查、订正他的作业。他如果把作业做错了，老师怎么要求他订正，他是一人做事一人当，从不找我们家长'耍赖'。记得那时候，小学生放暑假(寒假)前，还要带回家一册厚厚的暑假(寒假)作业。放假没有多少天，他三下五除二，就把它们统统给解决掉了，然后利用余下较长的假期，找课外书看或找小伙伴们玩。见他这样争气，我们也乐得省心，成了名副其实的'懒'家长。在学习的舞台上，他是主角，我们做家长的是欣赏者、喝彩者，偶尔帮他跑跑龙套，做一些学习资料搜集等服务性工作。"

的确，我们要让孩子明白，作为学生，如果想获得好的学习成绩，就要自主、自觉地学习。一个学生，只有把学习当作自己的事情，知道读书不是为了家长许诺的某种物质奖励，不是为了父母的面子，而是为了自己成长的需要时，他读书才有一种内在的持续的动力。

3. 理解与记忆双管齐下

理解是记忆的基础。只有对知识点加以分析，然后理解，真正了熟于心，才能记的牢、记得久。仅靠死记硬背，不容易记住。对于重要的学习内容，如能做到理解和背诵相结合，记忆效果会更好。

4. 集中注意力学习

其实，课堂上的时间是最好的学习和记忆时间，充分利用好了课堂时间，课后只要稍花时间，加以巩固，就能真正获得知识。相反，如果精神涣散，一心二用，就会大大降低记忆效率。

5. 及时复习

遗忘的速度是先快后慢。对刚学过的知识，趁热打铁，及时温习巩固，是强化记忆痕迹、防止遗忘的有效手段。

6. 多回忆，巩固知识

要真正将某项知识记牢，就要经常性地尝试记忆，不断地回忆，这一过程要达到的目的是：使记忆错误得到纠正，遗漏得到弥补，使学习内容的难点记的更牢。

7. 读、想、视、听相结合

我们可以引导孩子同时利用语言功能和视听觉器官的功能来强化记忆，提高记忆效率，这比单一默读效果好得多。

8. 运用多种记忆手段

9. 科学用脑

我们不但要保证孩子有足够的营养摄入和休息时间、体育锻炼等，还要让他们学会科学用脑，防止过度疲劳，保持积极乐观的情绪，大大提高大脑的工作效率，这是提高记忆力的关键。

10. 掌握最佳记忆时间

一般来说，上午9~11时，下午3~4时，晚上7~10时，为最佳记忆时间。利用上述时间记忆难记的学习材料，效果较好。

帮助孩子找到最佳记忆方法

不少父母感叹，为什么孩子学习了那些学霸的记忆方法，但还是记忆力差呢？孩子已经很努力了，为什么总是记不住呢？其实，除了努力以外，孩子还要找到适合自己的学习方法。适合自己的学习方法，才是有效的，很多情况下，对其他孩子有用的记忆方法，未必对你的孩子也有用。我们要让孩子明白，他需要了解别人的记忆方法，但不是照搬，而是在别人方法的启发下，制定一套适合自己的记忆方法，我们先来听听下面这位学习尖子生的记忆心得：

王亚是一名六年级学生，今年，她的成绩在学校乃至整个区小学六年级的排名中都是名列前茅，在小升初考试中，她顺利考了全市第一，在接受采访时她说："不存在一套适用于大多数人的记忆方法，每个人都应该去摸索适合自己的方法。""学有法，无定法，贵在得法。"王亚向同学们传授的第一点秘诀就是关于记忆方法的。

王亚说，她的方法是她的父母帮她找出来的，而就她个人而言，归纳、总结是记忆与学习的基础，要建立一个个性化的资料库，对一些典型的、常见题目进行总结，找到一些通解、通法，在面临同一类问题时，能迅速反映出解题方法。"以语文中的诗歌鉴赏题为例，我会先通读，连作者简介和注释都不放过，然后是细读，寻找其中的主题思想、意向，最后就是答题。"

"我们还是要强调，一定要牢牢学好基础，因为基础题占据了试卷的一大部分，其次才是中档难度的题目，所以要打好记忆大关。"王亚说，她曾经也经历过数学压轴题满分，但第一道选择题就丢分的错误道路，在她看来，记忆是学习的重要部分，是拿到基础题分数的关键。

的确，正如王亚说的，每个人都应该有自己的记忆方法。也就是说，学习过程中，不管采用哪种记忆方法，都决不能盲从，适合自己的才是最好的。只不过，适合每个孩子的记忆训练方法不同。

有一位学生，在谈到自己是如何记忆知识时，他说："我平时喜欢把各科知识点分类整理，做成图表，这样就构成了一个'知识图表'，好记性不如烂笔头，做好并掌握这样的图表，就能理清各种知识点的纵横关系，就能更形象鲜明地掌握和牢记知识。"

然而，他的另外一位同学谈到自己的记忆方法却完全不相同，这一位同学对于整理知识网络的做法是：用脑而不是用手。这位同学说："我没有这么勤快，我仗着脑子好使，从来都将知识在大脑里整理。我觉得动笔记东西有一个缺点，那就是写在纸上的东西保留了'信息'的形式，有一部分无法完全记忆，总要回到纸上来现找，费时费力，形成所谓对笔记的依赖。"

可见，我们要帮助孩子找到属于自己的学习和记忆方法，让孩子明白，不要盲目地追随别人的方法，适合自己的才是最好的！

总的来说，我们要告诉孩子，学习知识，切记简单抄袭，适合别人的不一定适合自己。别人曾经走出了一条路，自己用同样的方法，朝同样的方向，却不一定能得到相同的效果。因为每个人自身情况不同，对学科掌握的程度不同，所以方法也会有所不同。每个人也应该相信自己的方法，切不可邯郸学步。同样，前面章节中，我们也总结出，记忆方法多种多样，重要的是，制定适合自己的方法，方法对了，效率就提高了。

第 05 章

想象力与创造力培养，真正开发孩子的智慧

作为父母，我们都知道，未来社会，创造力是衡量人才的重要标准，而对于学龄的孩子来说，创造力是孩子学习的动力，是孩子重要潜能之一，更是其智力水平的重要体现。其实，每个孩子都是小天才，每个孩子都具备非凡创造力的潜能。爸妈正确的启发引导将给孩子的创造力发展带来无限可能。作为父母，一定要开发和挖掘孩子内在的想象潜能，把这种想象潜能转化为一种智慧和能力。

丰富的想象力，推动儿童智力发展

想象力的重要性我们深信不疑，有人生活的地方，就离不开想象。爱因斯坦说："想象力比知识更重要，是知识进化的源泉。"黑格尔在《美学》一书中指出："最杰出的艺术本身就是想象。"并且，孩子的想象力是天生的，正如毕加索曾说："我花费了终生的时间去学习像孩子那样画画"，由此可见，想象力在孩子的成长中有着重要地位。

一般来说，孩子从4岁开始，就已经有了丰富的想象力，如在想象性游戏中，常把玩偶当作自己的朋友，拿杯子给娃娃喝水，拿小手帕给娃娃擦眼泪等；例如孩子想象自己长大后成为一名画家，借助于画报想象动物在森林中生活、嬉戏；大人说开轮船游戏，小孩子能主动提出游戏的情节、角色的分配以及玩法等。

这一切都反映了孩子无处不在的想象力。作为父母，一定要开发和挖掘孩子内在的想象潜能，把这种想象潜能转化为一种智慧和能力。并且，教育专家认为，6岁是孩子求知欲和好奇心旺盛的时期，此时的孩子活泼、好动，并且富于想象。此时，我们更应该了解其心理现象，并引导和开发孩子的想象力，让想象力为孩子所用。要知道，如果我们限制孩子的想象力，会不利于孩子今后的发展，因为在当今社会，常规思维已经被淘汰，循规蹈矩意味着失败，相反，敢想、敢做的孩子才能在人群中脱颖而出，才能创造性地完成自己的人生目标。

为此，我们可以尽早这样开发孩子的想象力：

1. 保护孩子自发性的想象行为

对于孩子来说，一些自发的富有创造性的想象力行为，作为父母一定要小心呵护，绝不要阻止他们自发的这些活动。每当发现孩子们在进行这些活动的时候，我们需要做的就是等待——除了"观察和等待"之外，不需要提供任何不必要的帮助，除非孩子主动请求父母的援助。

2. 培养孩子的观察能力

父母要清楚地认识到，所有的想象都必须建立在现实的观察之上，没有一个人的想象力能离开他对现实世界的观察和联想。那么，父母要想培养孩子的想象力，首先就必须培养孩子的观察能力。

其实，孩子本身就是细腻的，喜欢用眼睛去观察周围的世界，然后得出自己的结论。因此，父母应尽可能地引导孩子多多观察周围的事物，为孩子提供准确观察周围事物必需的材料。这样，孩子的想象力才有实现的基础，才会更精确，更有创造性。

3. 把孩子想象变成现实，而不是让孩子空想

这一基础打得越牢，孩子的想象力就越会得到越大的发展。任何夸张或粗糙的空想都不能使孩子走上正轨。我们只有做好了充分的准备，才能为孩子的想象力开掘出一条壮阔的通道，让孩子们的智慧之泉流淌。

有位母亲产生了这样的疑问："当我女儿在桌上不断地用手指比画着想象在练琴时，如果我们真的向她提供一架钢琴，这到底是件好事还是件坏事？假如我们这样做了，孩子的想象力就得不到应有的锻炼了……"

这位母亲的担心的确有一定道理，然而还是应该为女孩提供真正的钢琴。因为孩子的这一想象中的需求如果得不到满足，她的想象力一样会受到限制，就会在这一点上停留过久。如果他拥有了梦寐以求的东西，就会得到及时的训练，提高自己的能力，甚至想象自己已经成了一名伟大的音乐大师。很多音乐家就是这样成长的。永远不要担心孩子的想象力会穷尽，因为一个想象的满足，会激发更新更美妙想象。

总之，童年是培养孩子高智商和天赋的重要时期，一旦发现孩子的天

赋，父母就要积极地引导，这样，孩子所具备的那些天赋才会成为他们终身的财富。

而随着一天天长大，孩子会对以前那些简单的想象失去了兴趣，他们的想象力就会转移到伟大的艺术作品的阅读和创造上来。这时，父母需要配合孩子想象力的成长，提供更具想象力的空间，来开发他们的创造力。毕竟，我们总是想让我们的孩子超过我们，从这个意义上来说，我们对孩子的想象力发展不应该做过多的限制。

总之，想象力能活跃孩子的思维，诱发创造的兴趣，有利于智力发展。然而，父母们一定要注意：创造性想象并不是一种虚无缥缈的空想。也许许多父母会认为自己的孩子喜欢在虚无的、令人痴迷的世界里漫游，他们被一种世界上从不存在的东西给吸引住了，但这些虚无缥缈的东西并不能代表真正的想象力。要知道，真正的想象力都是有现实依据的，没有任何一种想象能够脱离现实而独立存在，一旦脱离就很容易变成空想，孩子每天沉浸在这样的空想状态，神情就会变得恍惚虚幻，长大以后比较容易与现实社会格格不入，很难在社会上正常生活。所以，孩子的想象力，需要父母的引导，需要父母为其插上翅膀，只有这样做这种想象力才能变成孩子独特的智慧！

是谁扼杀了孩子的想象力和创造力

有这样一则教育故事：

一天晚上，一位父亲带着儿子散步，走着走着，儿子忽然指着天空中的明月问："那是灯吗？"父亲不假思索地回答说："那不是灯，是月亮。"但儿子坚持自己的想法，说月亮就是灯，父亲开始觉得儿子很愚蠢，但仔细一想又觉得儿子没说错，因为月亮确实有照明的功能。而在中文当中，"明"字就是日、月相加！

这位思前想后才发现月亮与灯的联系的父亲就是哈佛大学博士、香港城市大学副教授岳晓东。按他的话说，在儿子面前，他才是"愚蠢的父亲"。

"其实，我自己就是一个思维标准化的产品，"岳博士话锋一转说："我之所以不能把月亮当灯看，就是因为我对月亮的理解是高度学术化与文学化的：月亮是地球的卫星，月球的直径是地球的1/50，月亮上还住了一位怨女叫嫦娥，李商隐曾诗曰：'嫦娥应悔有灵药，碧海青天夜夜心'……这是典型的成年思维，缺乏孩子的直觉视野。"由此，岳博士时常把儿子当作自己最好的创造力导师。

但是从这件小事上，能引发我们思考关于孩子创造力的问题。

那么，什么是创造力呢？

创造力是一个比较模糊的概念，很多父母总是容易把创造力限定在创作艺术品、音乐作品的艺术能力上。简单地说，创造力就是思考并做出反应的过程，是把想象的事情变为现实的能力，是用独特的方式建筑或者改造现实世界的能力。创造力是孩子学习的动力，是孩子重要的潜能之一。

然而，我们中国的儿童普遍存在创造力不足的问题。日前，教育进展国际评估组织对全球21个国家进行了一项调查，结果显示中国孩子的计算能力排名世界第一，想象力却排名倒数第一，创造力排名倒数第五。在中小学生中，认为自己有好奇心和想象力的只占4.7%，而希望培养想象力和创造力的只占14.9%。

那么，是谁扼杀了孩子的创造力呢？

教育专家指出，如今青少年想象力、创造力水平较低的现象，家庭教育要负上一定责任。如今孩子多是独生子女，寄托着一个家庭未来的希望，孩子们在父母和4个老人的注视下长大，在受到全方位照顾的同时，

也教育孩子要遵从各种各样的"规定"，没有思想的天马行空，何来创造力？此外，如今城市高楼大厦压缩了孩子的活动空间，邻里、同伴沟通减少，这种因素也无形中削弱了孩子的创造力，因为交流和互动能为创造力提供较好的环境。

另外，学校教育也是扼杀孩子创造力的一大根源。我国的青少年从幼儿园开始，就按照由老师、书本及课堂所规定的一个模式接受教育，在长达10多年的学习生涯中，所有孩子形成相同的思维方式。

那么，针对这一问题，我们该如何解决呢？以下是几点建议：

1. 父母要尝试"蹲下来"倾听孩子

中国社工协会婚姻家庭部顾问邱少波表示，想象力和创造力密不可分，它们与智力有关，但更与后天情商有很大关系。国内青少年的智力并不比国外的差，主要是后天的情商上有较大差别。

一个是自我激励的能力。创造一种东西，事实上是利用想象力达到某种目标的过程，当想象力遇到困难时，会产生挫败感，而在克服挫败，走出困境这方面，国内青少年的能力稍弱。

另一个便是我国青少年好奇心在成长过程中受到压抑。他举了一个例子，如果一个小孩在洗澡间玩花洒，弄得地都湿了，国内的家长多数会骂小孩，而国外的家长可能会选择跟他们一起玩。"只有当情感处于'兴奋'，即愉悦、快乐时，想象力和创造力才是最丰富的时候。"他说。因此，在平时生活中，当孩子有情绪感受时，家长要以蹲下来的姿态，帮助和鼓励孩子说出自己的感受，这对小孩心理的健康成长也很重要。

2. 学校和社会共同努力，为孩子提供良好创造力氛围

要改善学校对孩子的想象力和创造力的限制，教育专家认为，光站在教育领域已经不足以解决问题，必须站在社会发展的高度。这一任务任重道远。

鼓励孩子多涂鸦，开发其想象力

前面，我们已经分析过想象力对于孩子智力提升和成长的重要作用，一些父母可能会有疑问，如何看出孩子是否想象力丰富呢？实际上，那些想象力丰富的孩子，有很多特征，比如爱涂鸦。在生活中，有多少父母能理解孩子爱涂鸦的行为？孩子把地板画脏了，妈妈马上说："你又在捣乱……"孩子画得不好，家长又打击："宝贝，你这画的乱七八糟的什么呀，真奇怪……"孩子是很敏感的，作为他们最亲近的人，父母都这样对待他们的"作品"，这对他们的心理将会造成很大的伤害，这些消极的声音会严重地打击他们的积极性，

其实，爱涂鸦的孩子都是想象力丰富的，因为绘画是表达孩子内心的一种语言，绘画是孩子的一种成长方式，所以专家称，儿童的绘画应该是自由的。我们鼓励孩子绘画，其实原本的目的也是开发孩子的想象力、观察力、记忆力、审美能力、动手能力等，想象力是创造力的基础，但是想象力是会随着年龄的增长，生活阅历的丰富而被逐渐束缚、削弱的。家长们可以通过让孩子绘画来发挥他们的想象力，同时保护好孩子们珍贵的想象力。

"女儿6岁的时候，我给她买了一些彩色蜡笔当作生日礼物，从那天开始，家里的地板和墙上经常都有她的'杰作'，我们并没有骂她，我们认为，孩子还小，涂鸦是他们表达自己情感和天赋的一种方式，刚开始她连笔都拿不好，也只会画出一些线条，心情不好的时候，她就会用力地在纸上画，后来，我们偶尔会带着她去公园或者郊区，让她画自己想画的东西，到现在，女儿已经整10岁了，也画得像模像样了。如果她愿意，我们是会支持她继续画下去的。"

案例中的家长是开明的，她能理解孩子的涂鸦行为，并支持孩子。然

而，在我们的生活中，这样的家长又有多少呢？

那么，作为父母，该怎样鼓励孩子涂鸦，进而开发孩子的想象力呢？

1. 培养孩子的观察力和对色彩的感知力

没有好的观察力，是画不出好的作品的，试想一下，他们都看不到美的东西，或发现不了在绘画中需要表现的细节，他们怎么能画出来呢？

多带孩子到大自然当中去，引导孩子对大自然进行细心的观察，培养他们对事物的语言描绘能力、绘画描绘能力和色彩感知能力，能激发他们心中的创作灵感。

2. 培养孩子的想象力

不得不说，不少绘画老师只教给孩子绘画的技巧，而没有鼓励他们的想象力，这就扼杀了孩子的创造力。

事实上，前面我们也提及过，孩子在很小的时候就已经有丰富的想象力了，而在孩子到6岁以后，我们鼓励他们运用画笔涂鸦，也要鼓励他们将自己头脑中的想法画下来，这样才能激发出孩子的创造力。

3. 无论孩子画得像不像，都要给他们恰到好处的赞美与鼓励

我们家长不要认为孩子画得像就是画得好，要知道，只会临摹的孩子是没有什么创造力的。对于孩子的涂鸦行为，我们也不要阻断孩子，扼杀孩子早期的绘画兴趣。

此时，我们要恰到好处地对其作品给以具体的肯定与鼓励，这能够极大地提升孩子的自信心，增强对艺术的热爱。当然，鼓励与表扬的语言要具体，比如："你这幅作品的人物的脸画得很有立体感，色彩运用上也朴素大方哦！"原来对自己并不自信的孩子，听到你的鼓励后，一定会信心十足起来。要相信，任何时候，赞美与鼓励绝对是推动一个人进步的最有利的武器。

当然，即便培养孩子的绘画才能，父母也应该摆正心态：

1. 孩子幼年学画画并不是为了以后当画家，而应该以培养绘画兴趣及审美能力为主，只有这样孩子才会获得一种可持续的发展

如果你的孩子对绘画有兴趣，他就会在绘画操作活动和绘画欣赏活动上投入较多的精力，并在这些活动中获得身心的愉悦，久而久之，他就会有较高的艺术修养，在生活中养成寻找美、感受美、表现美和创造美的习惯，使得自己的生活丰富多彩。

2. 就算孩子真的有绘画天赋，以后也不能保证就会成为画家

从发现孩子的天赋到成才，需要一个很长的过程。正如卓别林所说："无论天赋有多高，他仍须学习来发挥。"所以只要孩子在绘画活动中有所收获，有所进步，家长的投资就有所值，就有回报。

另外，我们不要当着孩子的面问这一类问题，这样会给他们的心理造成相当大的压力，他们会对自己产生怀疑，自己的信心会受到打击，从而丧失学画兴趣和自信心。

重视培养儿童创造性的心理品质

我们都知道，古今中外，任何一个成功者，都具有一些共同的特质：他们积极主动，富有创造力。同样，作为父母，我们也希望我们的孩子能在未来成为一个创新型人才，而要做到这点，现阶段我们就要培养孩子的创造性心理品质。所谓创造性心理品质主要是指具有创造的意向、创造的情感、创造的意志和创造的性格等独特的心理品质。它包括自信、勇敢、独立性强、有恒心、一丝不苟等良好的人格特征。

的确，知识社会的秘密就在于创造力。正如画家作画一样，无非是一张纸、一支笔、几种颜料，但只要组合变换，就能产生完全不同的作画效

果。这就是画家的创造力。

我们先来看下面的故事：

林浩是四川省汶川县映秀镇渔子溪小学二年级学生。在"汶川5·12大地震"发生时，小林浩同其他同学一起迅速往教学楼外转移，还未跑出，便被压在了废墟之下。此时，身为班长的小林浩表现出了与年龄所不相称的成熟，他在下面组织同学们唱歌，安慰因惊吓过度而哭泣的女同学。经过两个小时的艰难挣扎，身材矮小而灵活的小林浩终于自救成功，爬出了废墟。但此时，小林浩的班上还有数十名同学被埋在废墟之下，9岁的小林浩没有像其他孩子那样惊慌的逃离，而是又镇定的返回了废墟，将压在他旁边的两名同学救了出来，交给了校长，在救援过程中，小林浩的头部和上身有多数受伤。逃离了废墟的小林浩此时却发现同在外打工的父母失去了联系，焦急的小林浩同姐姐和妹妹一起在映秀镇滞留了两天，14日，他们三人同其他乡亲一道，经过7个小时的艰难跋涉，走小路逃出了震中映秀镇，转移到了都江堰，其后又来到成都与堂哥会合。19日，小林浩同其姐姐和妹妹一起被安置在了四川省儿童活动中心，这里安置了所有来自灾区的孤儿。其后，小林浩来到成都市儿童医院做了身体检查，索幸并无大碍，只是一些皮外伤。

小林浩那稚嫩的童音、超出年龄的成熟与勇敢及善良的品格几乎感染了每一个中国人，他是一个有勇有谋的孩子，而他的故事告诫着家长，让孩子大胆去磨炼，才能练就成熟的大脑，因为未来社会需要智勇双全的人才。

另外，培养孩子的创造力，就要训练孩子从当下开始，培养以下这些性格特征：

1. 自信

拥有自信，才能够不怕失误、不怕失败地去进行新的尝试。在大多数情况下，不敢自信走"小路"的人，通常也难成为创新型人才。

2. 勇敢

环境是特定的，人是灵活的。因此，人不能被特定的环境所压制，而是要努力去冲破环境。作为人是不能被环境所屈服的，因此，我们要告诉孩子，你是勇敢的。你要超越环境之上，做一个永远的胜利者。当一个人最想做自己的时候，那就等于想解放自我，而不再做环境的奴隶。即使这样做是要付出很大代价的也不怕。

3. 独立

你的孩子是否经常什么都请求他人？是否什么都依赖父母呢？其实，6岁以后的孩子已经开始上小学且有了一定的独立解决问题的能力，我们要让孩子明白，一个凡事让他人解决的人是长不大的，更不可能学会创新。因此，要告诉他们，从现在起，要试着去解决问题。

4. 恒心

创新这个过程，也就是破旧迎新的过程，自然是有难度的，甚至是被人怀疑的、否定的，这就需要恒心，三分钟热度和半途而废的行事方式，再好的想法都不可能真的实现。

5. 认真

凡事最怕"认真"二字，对待学习和生活中的问题采取一丝不苟的态度，还怕什么问题不能解决的呢？因为只有认真，才能找到新的解决方法和突破口，才能实现创新。

6. 突破

我们要告诉孩子，如果你做什么事情只会做"规定动作"，而不能突破自我、超越别人，就难以在未来社会激烈的角逐中夺魁。而你只有做一个能灵活处世、善于变通的人，勇于向一切规则挑战，敢于突破常规，才可以在未来社会赢得他人所无法得到的胜利。

培养儿童独立思考的能力

我们不难发现，很多父母最关心的是孩子的成绩，为了让孩子能上名校，孩子才上小学就给孩子请家教、上补习班，已经成了一股社会风潮。许多人认为，现在的孩子，最输不起的是教育。钱不是问题，只要能把孩子培养好，花再多的钱也愿意。甚至有不少家长愿意出高薪寻"伯乐"、请家教。我们深知这些家长的苦心，也理解他们希望培养孩子成才的迫切心情，但我们不得不承认的是：请家教只能提高分数，提高成绩，不能提高孩子的智力水平和创造能力。

因此，父母们自身必须有个明确的认识，那就是，要想让孩子真正学到知识，并将知识转化为自己的能力，就应该鼓励他们独立思考，学会自己摸索，而不是做别人思想的奴隶。

在心理学上，有个著名的名词叫路径依赖。路径依赖，又译为路径依赖性，关于这个名词，涉及这样一个心理学实验：

有五只猴子，它们被放到一个笼子里，在笼子的上空，放了一串香蕉，众所周知，猴子是最爱吃香蕉的，看到香蕉，它们就伸手去拿，但此时主人会用水去教训"越界"的猴子，直到后来，再也没有一只猴子敢拿香蕉了。

再后来，主人在这个笼子里放了一只新的猴子，并拿出一只老的猴子，新来的猴子不知这里的"规矩"，也伸手去拿香蕉，结果触怒了原来笼子里的4只猴子，于是它们代替主人执行惩罚任务，把新来的猴子暴打一顿，直到它服从这里的"规矩"为止。

主人不断地将最初经历过水惩戒的猴子换出来，最后笼子里的猴子全是新的，但没有一只猴子再敢去碰香蕉。

起初，猴子怕被新来的、不懂规矩的猴子牵连，不允许其他猴子去碰香蕉，这是合理的。但后来人和水惩戒、都不再介入，而新来的猴子却固守着"不许拿香蕉"的制度不变，这就是路径依赖的自我强化效应。

其实，我们人类何尝不是如此呢？当我们接受某个观念或某种行为模式后，便也开始给自己限定条条框框，然后盲从于这种既定模式。同样，如果我们希望我们的孩子能在未来社会有所突破和创新，想要真正获取知识，就必须要有质疑的精神。

依赖足以抹杀一个人意欲前进的雄心和勇气，阻止自己用自己的努力去换取成功的快乐。依赖会让自己日复一日地滞足不前，以致一生碌碌无为。过度依赖，会使自己丧失独立的权利，它是给自己未来挖下的失败陷阱。每一个孩子早晚都要脱离父母走向社会，因此，我们父母必须要把培养孩子的自主能力放在突出的地位，而我们明白，一个人的自立，要从思想上开始，也就是独立的思考能力。

那么，我们该如何引导孩子独立思考呢？

1. 先从学习上训练孩子的独立思考能力

独立思考是一种能力，它可以帮助孩子解决一系列问题，找到规律性的东西。把公式、概念琢磨透了，就可以解决各个问题。当你在学习上学会了独立思考，那你在为人处世的其他方面也会独立思考、动脑筋，不会再去依赖别人。

2. 引导孩子主动寻找不同的解题方法

其实，同一道习题，抛开传统的解决方法，再动一动大脑，往往能找出更多的方法，在孩子的学习中，我们可以经常这样引导孩子："何不再看看有没有其他方法呢？"这是开拓孩子思维的一种绝佳方式。我们来看下面这一则故事：

在所有的科目中，玲玲最喜欢数学。从小到大，她的妈妈就训练她从多角度看问题的习惯，她就像一个问号一样，她总是问自己，"难道就只有这一种解题方法吗？"通常情况下，她从不在练习册上解答，因为练习册上的空页根本不够她解答，她会在作业本上抄下题目，然后列出很多种方法。

转眼，玲玲要参加小升初考试了。老师为她担心的是，玲玲太爱思考了，在每道题上花的时间太多，会影响她答题的。为此，在考试前，老师还专门叮嘱她不要恋战。

然而，老师的顾虑是多余的。为了培养学生的多向思维能力，试卷结尾的几道数学解答题全部都注明：请运用两种以上解答方法。

考试结果出来后，玲玲居然得了满分，老师感叹："这就是勤于思考的好处。"

的确，在学习中，我们的孩子如果也能像玲玲一样自主学习，而不是为了完成学习任务，相信他们也能获得良好的学习效果。

3. 告诉孩子不要抄别人的笔记

有的学生比较懒惰，自己课堂上不愿做笔记，下了课去抄别人的笔记。这是一种很不好的学习习惯，不利于锻炼自己的综合总结能力。我们要让孩子明白，笔记要自己写，自己做的笔记对自己才有学习效果和意义。

4. 让孩子独立完成作业

学习是学生的天职，而学生学习就离不开做作业，老师在讲了一天的课后，给学生布置作业，也是为了巩固学生学习到的知识，可能有些孩子认为，只要听好课就能取得好成绩，作业无所谓，于是，他们常把作业当成完成任务，也有很多抄袭作业的现象。而实际上，这都是不良的学习习惯。一些父母为了让孩子做作业更认真点，会陪同孩子，殊不知，这样做，对孩子的自制力毫无帮助，一些孩子只要看到父母走开，马上就开小差、小动作不断，并且，父母辅导作业的学生，学习效率普遍更低。

相反，我们发现，那些成绩优异的孩子在分享自己的学习经验时，都会提到独立完成作业这一点，他们认为，认真做老师布置的作业也是准备高考的重要环节。老师布置的作业要独立完成，努力思考，积极开动自己的大脑，结合老师上课所讲的新方法解决题目。

总的来说，我们父母要从现在起，训练儿童独立思考的能力，只有这样，孩子才能做自己，才能长大成熟，也才能训练出好的头脑。

创造力不是纸上谈兵，鼓励孩子多动手和实践

人类社会发展到今天，是否拥有动手能力和创新精神已成为一种判定人才的标准，作为新时代未来接班人的孩子，应该奋斗进取、锐意改革，而不是故步自封、顽固不化，这就是一种创造力。但创造力绝不是纸上谈兵，而是要注重实践能力，为此，作为父母，我们在培养孩子创造能力的同时，要着重鼓励孩子多动手、多实践，让他们去经历自己的成功和失败，将来他们才能独立地创造自己的明天！

那么，我们该如何训练孩子的动手能力呢？

1.要给孩子提供独立活动的机会、场所和环境

让孩子独立活动，用自己的能力去做力所能及的事。家长适时给予指导和鼓励，从而提高孩子的自信心，增强孩子的独立性，使其主动地去发展自己的智力和能力。

"我儿子七岁那年，干什么事还都离不开父母，后来，我有意地把一间小屋交给孩子安排。经过一段时间的训练，他不仅敢一人睡一间屋，而且还学会了铺床、叠被、整理房间，从依附向独立迈出了可喜的一步。他经常领小朋友到他的"领地"来做各种游戏。那神情、那口吻俨然是一位'小老师'，表现出一定的组织能力和表达能力。"

事实告诉家长们，为孩子创造独立活动的环境，能使孩子的独立性得到迅速的发展。

2.要给孩子自己作出决定或承担责任的机会，提高孩子的"参与"能力

如今，孩子面临的是信息激增、竞争激烈的时代。因而，家长要给孩子提供一定的机会，让孩子在实践中增强"参与"能力，培养孩子敏捷的思维、善于独立思考和应变的心理素质。比如，有客人来访，可让孩子去拿些糖果、糕点招待客人，鼓励孩子与客人交谈、提问、请教，带客人的孩子去玩耍，这样可以提高孩子的社交能力。在讨论家庭计划或节假日安排时，也可以让孩子发表自己的见解。当孩子讲得有道理时，做父母的不妨从旁叫一声好。这声"好"的作用很大，可以帮助孩子树立自信心，解除孩子心理或身体上的拘束及口头表达能力上的障碍。同时，对孩子正确的意见予以采纳，保护孩子的积极主动性，促使其独立思考能力进一步发展。

3.要扩大孩子的生活范围，让他们养成独立观察和认识事物的习惯

有些家长总对孩子不放心，对孩子的活动范围过多地加以限制，结果抑制了孩子主动性的发展，致使孩子习惯于一切坐等父母安排，生活自理能力差，遇到新环境、新情况就不知所措。所以，让孩子经常参加一些活动，有助于他们在心理上摆脱对父母的依附，同时可以开阔孩子的视野，增长孩子的见识，培养孩子的责任感、钻研精神和独立能力等。如节假日带孩子去野外踏青郊游的时候，你可以让孩子留心大自然的景象及其变化，让孩子运用他自己学到的语文、数学知识来解释周围的现象，并不断提出"为什么"，家长适时给予点拨。父母可以任孩子去跑、去玩、去交往，让孩子仔细观察人们的社会生活，人们是如何进行劳动创造的，从而激发孩子的劳动热情和创造欲望，使孩子的想象力自由驰骋，逐渐成长为一个大有作为的人。

4. 鼓励孩子多参与家务劳动

有位家长在谈到自己教育儿子的心得时说："出于对自己成长过程的反思，我从小就比较注重对儿子独立能力的培养，要求他自己的事情自己做，按不同年龄承担一定的家务劳动。从幼儿园大班开始我们就要求他洗自己的碗，现在上学了，除了完成学习任务，家里扫地与倒垃圾两件事也由他'承包'。当然一开始他也并不总是乐意去做这些事的，这时我们就用适当的奖励方法鼓励他坚持下去，如做一次就可得到一个五角星，积累了一定数目的五角星就可以带他去吃一次肯德基，这样一来，他能不能得到他所想要的就完全取决于他自己的行为，这种'他律'促使他一天天坚持下去并逐渐过渡到'自律'，认为是自己分内的事而自觉地去做，慢慢形成习惯。"

孩子将来立足于社会，就必须要具备独立生活的意识和能力，而从小学习做家务，养成一定的劳动习惯，这是他未来生活的非常重要的准备。

5. 让孩子多参加实践

6岁以后的孩子已经有了一定的独立能力，他们可以参加一定的社会实践活动了，但参加社会实践，对于孩子来说，也绝对不是什么形式主义，更不是走过场。他会在活动过程中，得到许多的乐趣，而这种乐趣正是家长平时无法给予孩子的。有家长认为参加社会实践会影响孩子的学习，那只能说明家长把学习的概念理解得太狭隘了。真正的知识是对于一种事物发展规律的正确认识和经验。如果孩子什么社会生活的经验都没有，那他的所谓知识只能是书本上的"死"知识，而不是生活中真正的知识，这样的孩子也决不能自立，更别说经受得住社会的洗礼了。

走向社会是每个孩子必将经历的人生课题，参加社会实践，能让孩子在成长道路上既开拓视野，又增长智慧，最重要的是，能通过亲身感知社会现实状况，从而珍惜现在的生活，在穷养中逐渐独立起来，形成良好的

品质和人格。

　　社会实践活动有很多，如我们可以在假期让孩子体验一下在餐馆里做小小服务员，因为这种服务性行业的打工对体力要求不大，只是对孩子的工作态度有一定要求，更重要的是这些工作可以与各行各业的人打交道，同时又可以获得一定的报酬，让孩子很容易获得一种成就感并体会到劳动的乐趣。在工作中，通过扮演不同的角色，可以让孩子亲身体验工作的辛苦，这样不但可以体会到父母的不易，并由此对父母更加尊敬和爱戴，就会自然而然地产生一种感恩意识，而且还可以培养孩子勤俭节约的意识，改正乱花钱的坏习惯。从细小的工作中，还可以收获很多东西，可以体会到艰苦奋斗的精神，做事认真负责的态度，可以体会到为别人服务的乐趣，更能尊重和珍惜别人为服务自己所做的工作，还可以激励自己好好学习，获得更大的成功。

第 06 章

训练思维能力，推动儿童智力发展

我们的孩子，在未来都要走进这个充满风险和竞争的社会，一成不变、墨守成规的孩子就很容易被淘汰，而这种孩子，很多来自"四二一"模式家庭，一是指一个独苗苗，二是指爸爸、妈妈，四是指爷爷、奶奶、姥姥、姥爷。家人对孩子百般宠爱、限制了孩子自由发挥的空间，且孩子灵活的思维也随着骄奢淫逸的生活习惯慢慢被磨灭。因此，作为父母，我们要想培育出高智商的孩子，就要鼓励孩子开动大脑、凡事多思考，鼓励他们尝试从前从未尝试的东西，这会让孩子积极进取、敢于改变思路、打破常规来塑造自己的命运。

学习中孩子不爱动脑怎么办

日常生活中，我们一提到孩子的学习，很多父母就有太多的抱怨：学习不过脑子，错过的题一错再错，写作业拖拖拉拉，一边玩儿一边写，效率很低，做题不爱自己动脑筋，一遇到不会的题目就翻答案部分，要么抄袭他人的，你要问他学到的知识点，他都知道，且能对答如流，但是就是不会做题……这些都是孩子不爱动脑的表现。那么，为什么孩子会懒得思考呢？

不得不说，我们的家长要反思自己的教育，很多家长对孩子的过度保护让他们失去了学习的主动性和自觉性，主要体现在：

1. 家长对孩子的学习过分焦虑

表现在学习方面就是家长唯恐孩子学不会，考试考不好，老师会批评，所以经常指导孩子学习，甚至代替孩子思考。

2. 包办代替孩子的一切事物

家长对孩子的日常生活，包括学业、健康、交友甚至前途有太多的担心和不安。这种不安导致家长对孩子过分地负责，给予他们过度的帮助和保护。

3. 管控过严

家长不尊重孩子的意愿和选择，忽视孩子的能力和倾向，希望孩子完全听从家长的要求和标准去做，以家长的意志为意志。如果家长对孩子时时过度保护，孩子没有了自己的需要，就不会有追求和目标。

4. 家长的过度保护

过度保护造成了孩子依赖性强，使孩子缺乏自主学习的责任感，导致孩子学习兴趣的丧失，同时也剥夺了孩子能力增长的机会。

5. 家长对孩子期望值过高导致孩子的心理压力过大而失去兴趣

孩子很聪明，可是学习却这么费劲，学习对他们来说成了一件很痛苦的事情，这些是因为家长的期望值过高及家长在学习上过多地参与和关注。

作为父母，我们都知道，爱思考的孩子才会有高智商，才有主动学习的兴趣和能力，也才有好成绩，那么，对于孩子不爱动脑的习惯，我们该如何矫正呢？以下是一些建议：

1. 培养孩子的学习责任感，让孩子学会承担责任的后果

很多家长不愿意让孩子的作业、考试错得很多，这会让自己在班里很没有面子，被老师批评，就情不自禁地包办代替。家长要丢开这个面子，让孩子学会自己负责任，他上课没注意听，写作业不认真，知识没掌握，测验没有好成绩，哪个地方错了，孩子下次就会警醒，而家长的包办代替会让孩子失去这种责任心，过后还会错。

2. 要让孩子自己成为学习全过程的主人

学习全过程从预习开始，上课听讲，认真完成作业并检查，有错误要及时改正，之后是复习，迎接考试，考试后要总结，改正错题。而很多家长除了上课不能跟着听，其他过程几乎都在参与。有些家长为了防止孩子再犯错，买了很多检测题，让孩子一遍一遍地做。这样的方式不仅不会让孩子主动学习，还会让孩子更加厌恶学习。

3. 要让孩子主动思考

如果孩子学习中遇到不会的题，家长不要替孩子思考，也不要立即告诉孩子答案，而要让孩子自己尝试解题和思考，在孩子实在解答不了时，给其一些帮助，启发他们再次解答，要让孩子养成主动找错、改错，不懂不会的问题要及时问的习惯。这是很多孩子学习成绩下降的关键因素。现实情况是家长给孩子找错，错题本也是家长抄，然后再讲解，督促孩子改正。

另外，除了学习外，我们还要在日常生活中这样引导孩子动脑：

（1）培养孩子动脑筋的兴趣。"兴趣是最好的老师"，孩子若对某件事有浓厚的兴趣，就会集中思想和注意力，会想方设法克服种种困难来达到自己的目的。

（2）让孩子读一些幼儿刊物，看一些益智的少儿节目，引导孩子动手、动脑。

（3）带孩子到大自然、到社会中去感受生活，拓宽生活空间。可边观察边提出一些问题，引导孩子观察季节的变化，观察动植物的特征，耐心地解答孩子提出的一些问题。

（4）运用激励的手段，让孩子尝到动脑筋的甜头，享受到成功的喜悦。哪怕孩子只取得微小的进步，父母也不要放过，要及时地给予肯定，热情地鼓励。

鼓励孩子开动大脑，培养创造性思维

作为父母，我们养育孩子，并不仅仅是让孩子健康长大、衣食无忧，还要锻炼他们生存的能力和坚强的意志，还有竞争的本领，这都离不开孩子的好头脑，让孩子在自己的怀抱中成长，看似爱孩子，实际上是害孩子，这样养育出来的孩子根本不可能聪慧过人了。因此，我们必须让孩子独立思考，并鼓励孩子开动大脑，进而激发他们的创造性思维，找出不同寻常的方法引导他们走出困境，拥有卓尔不凡的智慧。

一个人有没有创造性是由他的思维方式所决定的，创造性思维是创造力的核心，是人类智慧的体现，不寻常的思维会引导不寻常的成功，孩子要想在未来社会竞争中脱颖而出、担当大任，就必须会灵活变通，必须学会创新。创造性思维通常包括逆向思维、发散思维、抽象思维，其实思维的实质是一致的，只是换了一个完全不同的角度和方向。

孩子创造性思维的获得需要家长的协助，毕竟没有一个孩子生来就是天才。以下是几点训练孩子获得创造性思维的建议：

1. 发散思维的获得

通过联想能力的训练，可以锻炼发散思维。同时经常引导孩子从事物中获得某种启示、感悟，比如在写作文时提高思想认识，深化作文主题。这不仅是对孩子思维的训练，也是一种德育。

2. 抽象思维的获得

6岁以上的孩子已经有了一定的概括能力，我们需要训练强化其这一能力，常见的是分类的方法，比如，要求孩子把摆在一起的食品和用品分开，把动物和植物分开，把蔬菜和水果分开，等等。这种训练可以让孩子的思维从具象进入抽象，而具有抽象概括能力是儿童智力的一次大飞跃。

当孩子开始能独立思考的时候，家长就可以进行一些奇数或偶数数列和递减数列的训练。比如，要求他在5、7、9、10、11、13、15这七个数中去掉一个多余的数。看他能否从这个奇数数列中挑出那个多余的偶数10。这种数的概括推理方法，小学一二年级的学生也不是轻而易举就能掌握的。但如果常能以有趣的方式给予孩子思维训练，孩子就可以更早获得这方面的成功。

3. 逆向思维的获得

逆向思维是创造性思维中的主要部分，逆向思维有两大优势：

逆向思维优势一：在日常生活中，常规思维难以解决的问题，通过逆向思维可以轻松破解。

有两个人一起出差，其中一个人逛街时看到大街上有一老妇在卖一只黑色的铁猫。这只铁猫的眼睛很漂亮，经仔细观察，他发现铁猫眼睛是

宝石做成的。于是他不动声色对老妇说："能不能只卖一双眼珠。"老妇起初不同意，但他愿意花整只铁猫的价格。老妇便把猫眼珠取出来卖给了他。

他回到旅馆，欣喜若狂地对同伴们说，我捡了一个大便宜。用了很少钱买了两颗宝石。同伴问了前因后果，问他那个卖铁猫的老妇还在不在？他说那个老妇正等着有人买她的那只少了眼珠的铁猫。

同伴便取了钱寻找那个老妇去了，一会儿，他把铁猫抱了回来。他分析这只铁猫肯定价值不菲。于是用锤子往铁猫身上敲，铁屑掉落后发现铁猫的内质竟然是用黄金铸成的。

买走铁猫玉眼的人是按正常思维走的，铁猫的玉眼很值钱，取走便是。但同伴却通过逆向思维断定：既然猫的眼睛是宝石做的，那么它的身体肯定不会是铁。正是这种逆向思维使同伴摒弃了铁猫的表象，发现了猫的黄金内质。

逆向思维的优势二：逆向思维会使孩子独辟蹊径，在别人没有注意到的地方有所发现，有所建树，从而出人意料的制胜。在日常生活中积极主动地运用逆向思维，则能够起到拓宽和启发思路的重要作用。当孩子陷入思维的死角不能自拔时，不妨尝试一下逆向思维法，打破原有的思维定式，反其道而行之，说不定就会眼前一亮，豁然开朗。

家长可以经常有意识地为孩子设置一些逆向思维的情景，比如在告诉孩子司马光的故事前，可以反问孩子："如果你遇到这种情况，你该怎么办呢？"如果孩子的回答和司马光的做法是一样的，那么他未来肯定是个智慧的人。不过正常情况下，孩子的回答应该是不一样的，那么家长就应该引导孩子，让他在生活中的其他事情上，尝试着这种思维方法，久而久之，孩子也就有这种思考习惯了。

的确，不寻常的方略引导不寻常的成功，家长应该让孩子灵活变通，当大家都朝着一个固定的思维方向思考问题时，不妨让孩子换个方向思索，这实际上就是以"出奇"去达到"制胜。"这种思维方式一旦运用到孩子的学习中，学习效率就会大大提高，而当孩子长大成人时，这种思维方法会让孩子事半功倍，甚至会得到不同寻常、出其不意的成功。

远见卓识，帮助孩子形成有活力、有深度的思维

笛卡尔说："我思故我在！"一句至理名言是这样描述思想的价值的：如果你有一个苹果，我也有一个苹果，那么我们交换，每个人都还是只有一个苹果。但是如果你有一种思想，我也有一种思想，那我们彼此交换后，我们就都有两种思想。由此可见思想的意义，在于它的延展性和可传播性。也就是，思维的意义在于其深度。

对于成长中的儿童来说，远见卓识的孩子都有着卓越的智慧，思维的成熟程度及深度将直接决定他们将会成为一个什么样的人，做什么事情甚至是他们生命的长度，而他们的思维是受生活、环境及自身经历和个人原则影响形成的，也就是说他的思想就是人格和心态的真实写照。

孩子到了6岁以后，我们父母不仅要督促孩子的学习，更要培养他们成熟的思维，但成熟并不意味着一成不变，而是要孩子敢想敢做，思维是行动的老师，思维有多远，孩子就能走多远，思维的高度有时决定了孩子到达目标的高度。

公元1661年，年仅8岁的爱新觉罗·玄烨被推上龙座，成为康熙皇帝。玄烨幼年登基，虽经祖母悉心培养少小持重，但担负国家的重任还为时过早。尤其是当时以鳌拜为首的辅政大臣，利用玄烨年幼、孝庄太后一介女流之便掌握朝政大权。在朝中，他们结党营私，玩弄权术，骄横跋扈，不

把小康熙放在眼里，连孝庄太后也只好隐忍。年轻气盛的康熙几次想将鳌拜惩治法办，但是实力相差悬殊，如果时机不成熟，只能是以卵击石。因此，康熙把怨气与怒气埋在心里，一直积蓄力量。

终于，1669年，年满16岁的康熙羽翼丰满，发动攻势，一举剿灭了鳌拜一伙。之后，他又平定"三藩"，击退沙皇俄国的入侵，开创了一代盛世。康熙成为了我国清朝时期著名的皇帝。他在位时，清朝的政治逐渐稳定，国力逐渐强大。

康熙帝当时还是一个年幼的男孩，但如果当时他不是用理智战胜了愤怒，把怨气压了八年，恐怕早就被鳌拜害死了，哪里还有后来的"康乾盛世"，这就是长远眼光的重要性。

伟人之所以成为伟人，是因为有伟大的思维，让思维决定行动，正像爱因斯坦的某些学说在当时被喻为"疯子式的假设和推论"，但后人均证实他的理论并非错误，他的猜测并非虚幻；当布鲁诺用生命捍卫哥白尼"日心说"理论的时候，所有的人都认为他只是另一个"疯子"，而今天的我们确实认同了太阳系的概念。无数伟人的事例告诉家长，要想教育出思维灵活变通、敢于抛弃陈旧观念、能适应未来创新型社会的孩子，就必须从家庭教育开始，让孩子从小就训练出惊人的、深入的思维。

那么，作为父母，该如何科学地教育孩子，帮助孩子形成有活力、有深度的思维呢？

1. 家长要树立正面的、积极的形象

孩子的思维深浅，目标大小，都与家长的期望和理想状态有很大的关系，有关调查和我个人的感受表明，当前许多家长对孩子的期望，短视、片面地局限在"考上好的大学"。对孩子只有学业期望，而缺乏人格期望，开口闭口总是"我们什么都不要你做，你把书读好就行了"，这必然给孩子的发展埋下一枚不定时炸弹。也有些家长，自己喜欢吃喝玩乐，浑浑噩噩地过日子，潜移默化的结果，孩子就容易成为父母的镜子。

所以，为人父母，要想让孩子成为一个有远见和理想的人，自己就该是个有理想、敢奋斗的人，这是最简单不过的道理。同时，一定要把对孩子的期望调整到首先培养孩子的优良人格上。

2. 家长需要了解孩子各个年龄阶段心理发展的基本特点

根据不同年龄段孩子的思维，采取不同的方式引导。

前面，我们谈及了皮亚杰的认知发展理论，从他的理论来看，6~12岁儿童处于具体运算阶段，这期间儿童的思维特点是：

（1）儿童获得了物体守恒概念，说白了就是思维已经具有可逆性了，比如同等量的水放入不同的容器中，一个高窄，一个矮宽，儿童不会凭直觉认为高窄的容器里水多，不再用一个标准去判断事物现象，有了逆向逻辑推理能力。

（2）"去中心化"，也就是不再以自己的想法等同于他人的想法。明白了自己所感受到的别人并不一定有同样的感受，能够处理好主体与客体之间的关系，整体与部分的关系。

根据埃里克森的社会发展论来看，这一阶段儿童处于勤奋感对自卑感阶段，面临来自家庭、学校、同伴的各种要求和挑战，他们力求保持一种平衡，以至于形成无形压力，成功经验将会增加儿童自信心，困难和挫折导致儿童自卑。成年人对儿童各种活动表现出的勤奋给予鼓励是必要的。

也就是说，这一时期儿童处于发展的不稳定时期，成年人要多留心观察，从儿童的言语和行为表现中察觉其变化。儿童的认知发展是在日常生活和学校教育中发展起来的，在日常生活中，儿童有问题时，家长要教会孩子观察思考，以启发式的提问让儿童思考，不要直接回答；儿童出现对学习内容不感兴趣的时候，要学会利用儿童先前经验中感兴趣的事物建立联系，引导儿童学习。

3. 为孩子提供实践机会

这一点，我们在前面已经进行了分析，因为思维和现实之间的差距就在实践，再美好的思维理想，如若不付诸行动，也如痴人说梦。这一点，应该落实到生活的细节上，比如虽然家庭富裕，也对孩子的生活条件进行限制；凡是孩子的年龄应该做的事情，一般不包办代替；当孩子遇到困难挫折时，鼓励他，并教给具体的方法；经常讲些由于人格良好而人生非常成功的个案等。

家庭教育是一件非常重要但又十分复杂的事情，对于孩子的智力训练要趁早，到少年期后，家长的权威会受到孩子的挑战，影响力也会相对减弱。只要家长运用正确的方式，开拓孩子的思维，让每个孩子都踏踏实实走好每个"今天"，考虑好"明天"，他们一定可以接近或实现自己的理想，他们的生命也会快乐、幸福！

教会孩子运用灵活变通的思维方式

古人云："劳心者治人，劳力者治于人"，在知识经济时代，是否拥有灵活、变通的思维能力更决定了一个人的生存状况，每个孩子都要学会用灵活的大脑来指挥自己的行动，才能在未来社会大潮中凸显自己的价值和才能。美国的德波诺说过："高智商并不一定伴随着全面的思维技能。高智商常常只限于做学问的狭小范围内。在我们的日常语言中，有智慧与聪明的区别：聪明属于高智商，而智慧则属于思维的技能。"灵活的思维便是智慧的一种。

但孩子灵活变通的思维的获得不是一蹴而就的，需要父母长期的培养和教育，家庭不止应该给孩子提供学习和生活的条件，还应该教会孩子正确的思维方式，这才是让孩子"富有"的教育方式。

我们发现，自古以来，那些功成名就之人，无不是在孩提时代就有机动灵活的思维，用头脑指挥行动。而那些纨绔子弟，空有一腔热血，欠缺理智的思考，再好的理想也功亏一篑，很多"富二代"创业失败的例子就证明了这一点。可以说，真正的智慧是在磨难中激发的。

一天，司马光和一些小孩玩捉迷藏。有个小孩不知躲在哪里，看见那有个大缸，便眼珠子一转，踩着假山想进去。结果一看，里面有水，他刚想躲别的地方但脚一滑掉了进去，大声喊救命，小孩们听到了。有的喊大人救命，有的大哭起来。但是司马光一点也不惊慌。他灵机一动，想出了个好办法，拿起身边的大石头，用尽全身力气，向大水缸砸去，大水缸破了，水流了出来，小孩得救了。这就是流传至今"司马光砸缸"的故事。这件偶然的事件使小司马光出了名，东京和洛阳有人把这件事画成图画，广泛流传。

这里，司马光为什么能做到急中生智救出同伴？这就是灵活思维的结果。看完这则故事，作为父母，试想一下，如果你的孩子遇到这种情况会怎么做呢？可能他会和故事中的其他孩子一样，要么喊人救命，要么大哭，而只要他冷静下来思考一下，其实就能找到最有效的解决办法——砸缸。

儿童教育专家认为，对于学龄期的孩子来说，良好的思维水平的标志是：

（1）思考问题从多方面考虑。

（2）思考时，看到事物间的内部联系。

（3）善于独立思考，不人云亦云。

（4）思考速度快。

（5）思考方法独特。

常常听到家长和老师评价孩子，说有的聪明，反应快；有的反应迟钝，问题稍一变形，就不会解；有的语言表达不清，东一句，西一句，没有条理；而有的说话、讲故事都井井有条等。这些都是对孩子思维水平高低的评价。

那么，家长应该怎样锻炼孩子的思维能力呢？

1. 训练孩子有条理的思维习惯

让孩子多问自己几个为什么，"梯形、平行四边形、正方形之间存在什么关系？"学习古诗时也要分析其中内涵的道理和事物间的关系。比如古诗"横看成岭侧成峰，高低远近各不同，不识庐山真面目，只缘身在此山中"。就描写从不同角度看到庐山不同的景象，原因是作者身在此山的缘故。其中也隐含着这样一个道理，"当局者迷、旁观者清"。

思考的方法是多种多样的，但由于孩子的思维水平大都处于直观形象阶段，应学些适合他们年龄特征的思维方法。比如：抽象与概括；学会分类；归纳和类比。

2. 让孩子学会推理

家长可以带领孩子进行一些涉险活动，然后让孩子训练自己的推理能力。

3. 鼓励孩子灵活解决问题

比如，当孩子还小时，让他去推一个很重的大箱子，他推不动，怎么办呢？让孩子试着把箱子里面的东西先拿出来，再推箱子；或者，让他在亲子小组聚会的时候，邀请其他小朋友一起来推这个重重的箱子。让他懂得，多种方法都能解决同一个问题。经常受到类似情景的启发的孩子就会养成遇事多动脑筋，有勇有谋的性格特点。

总之，父母不能从小让孩子生长在自己的庇佑之下，"生于忧患，死于安乐"，人的大脑只有经常思考，才会撞击出智慧的火花，只有把胆量和头脑结合在一起的孩子，才能催生智慧，才能成就一番大事业。

逻辑思维能力是儿童智力活动能力的核心

当孩子到了6岁以后，就要进入小学学习，而在很多小学入学考试中，都有逻辑思维题的测试，这类问题突出的特点表现在试题灵活，难度较大，并且需要很强的逻辑思维功底。对于参加小学入学考试的孩子来说也是一个不小的考验。而这需要我们父母在平时就训练孩子的逻辑思维能力。

那么，什么是逻辑思维呢？

逻辑思维，又叫理论思维，它是人们在认识过程中借助于概念、判断、推理等思维形式能动地反映客观现实的理性认识过程。它是作为对认识者的思维及其结构及其作用的规律的分析而产生和发展起来的。它还是人的认识的高级阶段，即理性认识阶段。

逻辑思维有其自身的特点，如它是一种确定的，而不是模棱两可的；前后一贯的，而不是自相矛盾的；是有根据的、条理化的。在逻辑思维中，要用到概念、判断、推理等思维形式和比较、分析、综合、抽象、概括等方法，而掌握和运用这些形式和方法的程度，也是一个人逻辑思维能力的体现。

在孩子的各大智力活动中，核心部分就是逻辑思维能力，这也是智力结构的核心，因而逻辑思维能力是孩子成才最重要的智力因素之一。逻辑思维能力在一个人一生的任何阶段都起着相当重要的作用。在孩子发展思维能力的早期，如果爸爸妈妈注意培养孩子的逻辑思维能力，这对于孩子的发展起着非常重要的奠基性的作用。

因此，当孩子6岁以后，我们可以训练孩子养成凡事不要看表象的习惯，有问题时就要有寻根究源的愿望，然后巧用逻辑思维找到答案，这一点，一千多年前的伽利略就给我们树立了榜样。

在伽利略之前，古希腊的亚里士多德认为，物体下落的快慢是不一样

的。它的下落速度和它的重量成正比，物体越重，下落的速度越快。比如说，10千克重的物体，下落的速度要比1千克重的物体快10倍。

1700多年以来，人们一直把这个违背自然规律的学说当成不可怀疑的真理。年轻的伽利略根据自己的经验推理，大胆地对亚里士多德的学说提出了疑问。经过深思熟虑，他决定亲自动手做一次实验。他选择了比萨斜塔作为实验场。

这一天，他带了两个大小一样但重量不等的铁球，一个重100磅，是实心的；另一个重1磅，是空心的。伽利略站在比萨斜塔上面，望着塔下。塔下面站满了前来观看的人，大家议论纷纷。有人讽刺说："这个小伙子的神经一定是有病了！亚里士多德的理论不会有错的！"实验开始了，伽利略两手各拿一个铁球，大声喊道："下面的人们，你们看清楚，铁球就要落下去了。"说完，他把两手同时张开。人们看到，两个铁球平行下落，几乎同时落到了地面上。所有的人都目瞪口呆。

伽利略的试验，揭开了落体运动的秘密，推翻了亚里士多德的学说。这个实验在物理学的发展史上具有划时代的重要意义。

表面上看，重的铁球应该是最先着地的，但实际上，伽利略向所有人证实了事实并不是如此。从这里，我们能看出逻辑思维的重要，它摆脱了对感性材料的依赖。

科学研究表明，人的逻辑思维发展的总趋势是：从具体形象思维到抽象思维，即由动作思维发展到形象思维，再依次发展到抽象逻辑思维。所以，孩子的逻辑思维能力也是从小就开始发展的，要让孩子更聪明、更胜人一筹，从小培养孩子的逻辑思维能力就变得相当重要了。然而，提高孩子的逻辑思维能力需要通过不同的方式训练，让孩子在思维和运用的方法上可以慢慢转弯。家长要培养孩子在生活和学习中独立的思考、分析和判断的能力，也可以通过事物的形状与用途、空间想象力来找出逻辑思维关系。

怎么提高孩子的逻辑思维能力呢？

有以下几种方法：

1. 让孩子讲题目

当孩子在做比较难的题目时，比如：比较灵活，需要通过思考才能做出来的题目，可以叫孩子讲一讲对这个题目的解题思路和理解。当孩子能够清晰的说出解题思路时，这种方式就是训练他的逻辑思维能力一个好的方法。经常这样训练，孩子的逻辑思维能力将变得更强。

2. 敢于提问

在生活中，家长要鼓励孩子提出各种问题或疑问，孩子会问、会质疑说明他就会动脑、会反思。家长引导孩子对事物多问几个为什么、为了帮助孩子能够更清楚的理解，可以做实验来证明。通过这样的训练，孩子会在思维上对事物逐步养成一种质疑、思考的习惯。

3. 建立纠错本

孩子做作业、考试通常都会做错题目，把每道做错的题目在纠错本上写出来。这样就可以很好地弥补自己的不足之处和掌握容易犯错的题型，又可以预防下次再犯这样的错误。这样就会养成改正错题的习惯性思维。

4. 家长多与孩子讨论题目

如果孩子有不懂的题目，家长不是讲出做题的思路，而是与孩子一起讨论这个题目。家长要多表扬和鼓励孩子，不要动不动就发怒，没说两句就开始发脾气、打人，这样只会让孩子有逆反心理。与孩子做朋友，做一起讨论问题、交流解决问题的朋友。

5. 生活应用

平时要充分利用生活与学习的互助的关系，如：购物中可以训练孩子运算能力，比如一个面包要5元钱，买了3个，给他20元钱，需要找回多少？购买方式就是平时数学问答题的类型。这也是训练孩子数学思维的好办法。

6. 增强观察能力

平时注意培养孩子观察事物的能力，如各种物体都有不同的颜色、形状和用途。多掌握一些空间想象能力，如一个物体，不同的角度看到的形状与面都不同。这样就可以训练孩子的观察和辨别思维能力。

7. 家长要有耐心

孩子都好玩，当你想教时，孩子不一定就想学。家长可以和孩子一起玩游戏如：堆积木、下棋等来引导孩子学习。家长一定要有耐心，注意方式方法，不要强求，要慢慢地沟通和引导孩子的逻辑思维能力的发展。

儿童的逆向思维训练法

生活中，人们常常提到的"逆向思维"，就是人们常说的"倒过来想"。用逆向思维去考虑和处理问题，往往可以是从"出奇"出发，而达到"制胜"的目的。对于成长中的孩子来说，是否具有逆向思维，是孩子智力水平的重要表现。

那么，什么是逆向思维呢？科学上的创新实践证明，逆向思维是一种突破常规定性模式和超越传统理论框架，把思路指向新的领域和新的客体的思维方式。

敢于"反其道而思之"，让思维向对立面的方向发展，从问题的相反面深入地进行探索，树立新思想，创立新形象。当大家都朝着一个固定的思维方向思考问题时，而你却独自朝相反的方向思索，这样的思维方式就叫逆向思维。人们习惯于沿着事物发展的正方向去思考问题并寻求解决办法。其实，对于某些问题，尤其是一些特殊问题，从结论往回推，倒过来思考，从求解回到已知条件，反过去想或许会使问题简单化。

不难理解，逆向思维的反面是传统思维，我们称之为"思维定式"，即在思考问题时，片面、错误地运用已有的知识和经验，从而阻碍了思维的创新。总是受传统观念的束缚，不敢向原有理论挑战，不仅不能提出革命性理论来，即使遇到新发现也会失之交臂。

我们不难发现，在家庭教育中，一些家长正是因为限制了儿童的生活圈子，且总是盲目让儿童听话，才会让儿童循规蹈矩，这样的孩子，又怎么会有逆向思维能力呢？

逆向思维最宝贵的价值，就是它对人们认识的挑战，是对事物认识的不断深化，在创造发明的道路上，更需要逆向思维，逆向思维可以创造出意想不到的人间奇迹。看来，青少年朋友也应该自觉地运用逆向思维的方法，这能让他们的生活与学习充满活力、展现光彩！

我们来看下面的故事：

高斯是著名的数学家，他生于德国，在他还很小的时候，就很喜欢动脑筋。

小学的时候，有一天上课时，老师想到一个对付班上淘气学生的办法，他出了一道算术题，让学生从1+2+3……一直加到100为止。他想这对于小学生来说难度足够大了，这样，自己也能稍微休息下了。但没过多长时间，小高斯就举起手来，说他算完了。老师一看答案，5050，完全正确。老师惊诧不已，问小高斯是如何算出来的。

高斯说，他不是从开始加到末尾的，而是先把1和100相加，得到101，再把2和99相加，也得101，最后50和51相加，也得101，这样以此类推一共有50个101，结果当然就是5050了。

遇事要开动脑筋是件说起来容易做起来难的事。高斯的聪明之处在于他能打破常规，跳出旧的思路，仔细观察，细心分析，从而找出一条新的思路。打破旧的思维模式，我们就可以在习以为常的事物中发掘出新意来。

的确，逆向思维在生活、学习和创新过程中，常常能表现出传统思维所不具备的很多优势，比如：

优势一：在日常生活中，常规思维难以解决的问题，通过逆向思维却可以轻松破解。

优势二：逆向思维会使孩子独辟蹊径，在别人没有注意到的地方有所发现，有所建树，从而出人意料的制胜。在日常生活中积极主动地运用逆向思维，则能够起到拓宽和启发思路的重要作用。当孩子陷入思维的死角不能自拔时，不妨尝试一下逆向思维法，打破原有的思维定式，反其道而行之，说不定就会眼前一亮，豁然开朗。

优势三：逆向思维会使你在多种解决问题的方法中获得最佳方法和途径。

优势四：生活中自觉运用逆向思维，会将复杂问题简单化，使办事效率和效果成倍提高。

可见，逆向思维最宝贵的价值，是它对人们认识的挑战，是对事物认识的不断深化，并由此而产生"原子弹爆炸"般的威力。我们在日常生活中也要培养孩子运用逆向思维来解决问题的习惯。

要训练孩子的逆向思维能力，家长就要培养孩子下面这些品质：

1. 要有探究的兴趣和愿望

这是寻找原因的前提，因为兴趣是最好的老师，有了探究的兴趣，在看到事物时，就有了探究的动力。

2. 要有不达目的不罢休的热情

在寻找原因的过程中，难免会产生这样那样的阻碍因素，此时，大部分人可能会选择放弃，然而，我们要告诉孩子，如果他们能做到坚持到底，不但能锻炼他们的意志力，更能提升他们的思维品质。

3. 引导孩子顺藤摸瓜

事物与事物之间是有联系的，而事物本身的因果更是联系紧密。因此，在探究事物原因时，我们要引导孩子学会紧抓结果，从结果顺藤摸瓜，就能一定找到我们想要的答案。

总之，作为父母，我们要明白，善用因果思考法是培养孩子逆向思维能力的重要方面，在日常生活中我们要让孩子养成凡事多思考的习惯，这对提升孩子的智力水平大有帮助。

第 07 章

训练判断力，让孩子拥有敏捷的思维能力

　　我们都知道，每个孩子最终都要进入社会，都要独立承担突如其来的各种问题，这就需要他们具备一定的判断能力，判断力也是孩子智力培养的重要方面。那么作为父母，我们如何从小培养孩子的判断力呢？专家建议，我们在平时的家教方式上需避免专制，以耐心加鼓励的方式，尽量多给孩子发表看法的机会，并且适时引导孩子的思维方向，使他们学会如何准确思考、总结经验，以培养准确的判断力。

儿童判断力的发展过程是怎样的

有人说，我们的人生就是一个不断选择的过程。我们的孩子在未来也会遇到各种各样的选择，而是否能做出正确的选择，关系到孩子的人生走向，此时，就考验到孩子的判断力了，我们可以说，出色的判断力是一个人思维成熟的标志，也是智力能力的重要部分。

那么，什么是判断力呢？

判断力，指的是当现实发生时，人采取的什么样的态度，和表现出什么样的行为方式的决定因素。判断力是通过选择和抉择的形式将其价值观付诸在事件上的性格体现能力。判断力是一个人很多能力的综合，包括：感知能力、记忆力、推理力等。它是一个人在长期的生活过程中形成的习惯性的常识判断，在事件发生时，每个人都会做出判断，只是判断可能是好的，也可能是不好的。

判断力的评价标准是多方面的，大体上分为如下三点：

（1）正确性。比如孩子看到邻居小朋友欺负别人，认为是对的还是错的。

（2）有效性。指的是孩子在做出判断后，观察判断产生的作用如何。

（3）及时性，及时与否本身也就决定了判断的有效性。比如，考前判断自己在哪些知识点上欠缺比考后预测自己的成绩，更加有利于成绩的提高。

判断力由一个人的知识积累、经验积累决定，我们的孩子虽然还小，但也是如此，他们的判断力也是不断发展的，从孩子开始上幼儿园，他们的生活范围、圈子不断扩大，开始能分辨红、黄、蓝、白、黑等颜色；能辨别大小、上下、前后、左右等差别；并有了初步的审美观点，懂得好与坏、美与丑，如看电影电视时，看到坏人出场就会说："这是坏人，抓住他。"看到别的小朋友穿上新衣服，就会羡慕。这些都是判断力的表现。

那么儿童判断力是怎样发展的呢？

4岁之前的孩子是以自己的喜好及需要作为判断标准的，比如孩子喜欢玩就会连饭都不吃就跑出去玩；4~10岁的孩子以得到奖赏或者避免惩罚来作为判断标准，害怕惩罚所以要先做作业再出去玩；10~13岁的孩子会以取悦父母或者服从规则来作为判断标准。比如"因为考试成绩好，爸爸妈妈会高兴，所以要成为成绩好的孩子"；或者"如果我不买钢琴，爸爸妈妈经济压力会小很多"等；13岁以后随着孩子的阅历不断加深，会更理性的思考问题，依据自己认为是对的方式行事，他们的行动是依据内在的标准，行为受到自我意识的约束。

总的来说，儿童判断力的培养是其智力培养的重要方面，需要父母引起重视和尽早培养。

你的孩子为什么缺乏判断力

前面，我们已经分析过判断力对于孩子成长的重要性，当面对选择的时候，是自己做出决定，还是由他人代替做决定，直接关系到人的判断力的提升。然而，不得不说，现代家庭中，孩子缺乏判断力、遇事只知道求助父母的现象很多，这样的孩子又怎么可能在未来独当一面、独立解决问题呢？

那么，孩子为什么会缺乏判断力呢？

其实，缺乏判断力的孩子多半生活在专制的家庭氛围内。

我们的孩子在很小的时候，就有自己的意见和想法了。比如，他们会

选择穿自己喜欢的衣服，而拒绝父母给自己安排的；他们对与自己有关联的事情，更喜欢自己做主，讨厌父母"代劳"或者是自作主张。在一些大事上，他们也希望父母能问询他们的意见，希望父母能在一些生活小事上更民主点，给他们一定的言论自由。

但是遗憾的是很多父母常在孩子试图表达自己的意见时，习惯于粗暴或武断地打断他们。小到生活上的事情，大到孩子的未来发展方向，都一概由父母来决定，父母的判断就是孩子的判断，父母的理想就是孩子的理想。而孩子自己却逐渐失去了判断的能力，自己的特长、兴趣，都逐渐消失了。而且孩子听到最多的是父母如此说："我们不会害你的，我们比你懂，你按我说的做，准没错。"久而久之，孩子独立的思维能力和判断能力逐渐缺失、不能独立拿主意。

一位妈妈问一位教育专家："如何让我的儿子有自己的判断力呢？我儿子从小就很听话，可最近他刚入了幼儿园大班，老师经常要求小朋友说出自己的想法。这时候，他听话的优点就变成了缺点，因为他老是显得没有主见和缺乏应变能力，老师说他做事不够积极主动。我一下觉得压力挺大的。对于这样听话的孩子，我不知道该用什么样的方式让他积极主动。"

可能很多父母都会认为，孩子只要听话、省心就好，然而，这样的孩子只能生活在父母的臂弯里，因为没有主见，更不能自立，别说出色的判断能力了。这是一个强调创意的年代，作为孩子自己，如果习惯于听话，那么，在未来社会，就很可能迷失自己，因为当找不到那个权威的发话人，他不知道该听谁的。

那么，在生活中，该如何让孩子们变得有主见呢？

1. 尊重孩子的感觉

孩子都有自己的想法，尽管他们的想法可能是幼稚的，甚至是错误的，但我们不能轻易否定他们，要尊重他们的感觉和选择。

　　妈妈带着小明去买衣服，小明看中一件上面印有奥特曼的外套。妈妈一看，那是一件质量很差的衣服，做工非常粗糙。于是，妈妈给小明选了另外一件。小明很不高兴，妈妈耐心地跟他说："那件质量不好，而且不适合你。这件质量好，比那件还贵呢！"可是小明生气地说："这件虽然好，但是没有奥特曼，不是我喜欢的。"

　　其实，孩子并不想买多么高档的东西，尤其是孩子，他们更注重自己的兴趣所在。只要孩子喜欢，就是买一件质量差的又有什么关系呢？

　　2.减少对孩子"真乖""真听话"这样的评价

　　一位妈妈总是喜欢夸奖儿子"真听话"，慢慢地孩子便会事事按照妈妈的话去做。可是一旦让他自己拿主意，他就表现的无所适从。后来，妈妈不再夸孩子听话了，而是使用其他更具体的评价。比如，当孩子吃完零食，自己收拾垃圾时，妈妈就表扬他："对，吃完东西就收拾干净，这样既整洁又卫生！"慢慢地，孩子开始知道自己该做什么，不该做什么，而不用等待妈妈的吩咐了。

　　3.给孩子一些选择的机会

　　在听话的孩子身边，往往有个细心、周到、能干且具有绝对权威的家长，他为孩子计划好了一切，却忘记了询问孩子的意见。父母应该多听听孩子的意见，多给孩子一些选择的权利。比如，家长可以问问孩子"今天咱们是去游乐场呢还是去植物园""明天奶奶过生日，咱们送给奶奶什么生日礼物好呢"。要记住，一旦你把选择的权利给了孩子，就要接受孩子的选择。

　　4.给孩子更多做事的机会

　　当孩子想要你帮忙拿挂在高处的东西时，你可以不直接帮助他，而是换个方式："你自己有办法拿到吗""如果站到沙发上，可能会站不稳……对，站椅子上是个好办法""我想这个椅子对你有些大，你可能搬不动……嗯，这个小椅子很合适""哇，你居然用晾衣叉自己拿下来啦，真聪明。"

5. 给孩子的自由规定原则

给孩子最大限度的自由，才能培养孩子的独立性。不过即使这样，我们也不能让孩子任意妄为。父母应该给孩子定下一个原则，在这个原则之下，给孩子充分探索、自由活动的时间和空间，不要紧盯孩子的一举一动。比如，父母可以定下规矩：在外面玩不能去马路上，只能在楼前的这片空地上玩。但至于怎么玩、和谁玩，由孩子自己决定。

家长是孩子的第一任老师，教育方式的正确与否直接影响着孩子的一生。古今中外的成功人士，都有一个优点，那就是有主见、有思想、有魄力，这样的人正是做大事的人，也是历经社会折磨和苦难的人。因此，作为孩子的家长，要明白："为孩子拿主意"的想法是永远行不通的，鼓励孩子大声说出自己的想法，让孩子学会自己抉择和判断。这样，才不会扼杀孩子的判断能力。

让孩子自己做出选择和判断，并承担后果

一个人的成长要伴随着各种各样的痛苦，就像婴儿出生一样，不通过痛苦的挣扎，就不能脱离母体成为自己。成长就是一个不断经历挫败、忍受痛苦，面对困难的过程，失败和痛苦是生命的必然。有的父母怕孩子承担痛苦，尤其是在遇到一些重大抉择的时候，他们会为孩子决定一切，以过来人的眼光为孩子打理好一切。久而久之，孩子不仅会对父母形成一种依赖，面对选择的时候，更会缺乏判断力，发现离开父母什么都不行，丧失信心和勇气，成为父母眼中"听话的好孩子"。

的确，谈及孩子的教育，几乎无不以孩子是否"听话"论成败。"听话"则出息，反之则不会出息。的确，一个"听话"的孩子，看起来是那么令人满意：他听大人的话，不打架，不爬高，不惹事；他听大人的话，老师说什么就做什么；他听大人的话，从不违背父母的意志，获得了大人们一片称赞。

但试想一下，这样的孩子能聪明吗？难道一个从小在"听话"中长大，从来不需要自己作选择、自己作决定，也就是从来不需要对自己负责，而仅仅只要"负责听话""负责服从"就可以了的孩子，一旦走出校门，走出家门，就能够"独当一面，撑立门户"了吗？能有超越于成人的应变能力和判断能力吗？我们发现，那些一贯"听话的好孩子"，到了社会上，他们的成就好像不高，甚至也不及那些"不太听话"的孩子。

我们训练孩子的判断力，是培养孩子智力能力的重要部分，在父母庇护下长大的孩子充其量也只是父母的乖孩子，而不是出色的孩子。因此，作为家长，必须要接受孩子成长中痛苦的过程，让孩子自己做出选择，承担后果。

1.尊重孩子，让孩子自由独立思考

家长要把孩子看作一个独立人，他们有权发表自己的意见，父母不必过多地限制，家庭生活中出现的一些问题，要让他们去尝试，让他们自己去判断、思索、体验。

许多父母认为，孩子还小，由着他们自己选择作决定，还不乱套。而日常生活中不过都是一些细细碎碎的琐事，处理"得当"最好，"不当"也难免。很孩子从出生到长大成人，每个父母所面对的大都是诸如此类琐碎的日常生活中的小事情，但孩子"成长的秘密"正是"发生"在这混沌的日复一日、大同小异的一件件小事情中。当小孩子刚开始具有理解能力，就应该让孩子自己在可能的范围内去选择。比如，对一个2岁的小孩，需要记事本提醒自己，她为自己的进步感到很自豪。

可见，当要孩子记住做某事时，大人与其经常提醒或给她贴备忘字条，还不如让孩子自己记下要做的事情，并及时鼓励孩子。那样，孩子会为记得提醒自己而生出自豪感，慢慢地也就学会了对自己的行为负责。只有学会对自己的事情负责的孩子，才能逐步学会对家庭、对他人、对集体、对社会负责。

又比如，当你的孩子损坏了别人的玩具，一定要让孩子买了还给人家。也许，对方会认为损坏的玩具不值多少钱，或认为小孩子损坏玩具是常有的事，或者因为其他某些原因而不好意思收下孩子的赔偿。但从培养孩子的责任感出发，还是要说服对方收下，这样可以让你的孩子知道，谁造成不良后果就该由谁负责，每个人都需要为自己的行为负责。

总之，让孩子自己做选择和判断，让孩子对自己的行为负责，也是为了能让孩子在不断的锻炼中形成出色的判断能力，能帮助孩子树立独立的信心，因为一个人做出什么样的选择，对他的成长至关重要。

当然，孩子自己选择作决定，并不是一切由着孩子说了算，也不是父母在任何情况下都不能对孩子有命令性、强制性要求，在一些重大事情上，父母对孩子的强制要求、行为规范是必要的，父母不可放弃作为孩子法定保护人的职责。但父母要把握一个"度"，不可事无巨细，不能一味都要孩子听从父母，不让他们越雷池一步。

尽早培养孩子明辨是非的能力

自古以来，中国人就大致把生活中的人分为两类，一类是君子，一类是小人，并常常用"君子坦荡荡，小人长戚戚"来形容二者最为明显的区习，对其他事应该充耳不闻。其实不然，我们每个人，都应该在心里放一杆秤，对于是非黑白，一定要有辨别能力，这是任何一个社会人应该有的责任心，孩子也不例外。

因此，尽管现阶段的孩子还是个孩子，但他们也应该学会辨别是非。我们要告诉孩子，当你发现有人违背原则，你就应及时制止，把责任心传递给周围的人。

2.父母以身作则，注意自己的言行

周日，在动物园门前，发生了这样一幕：一个小孩子手里拿着酸奶瓶正想扔掉，妈妈赶紧拦住她说："别，前面有人，看见要罚款的。"走了一会儿，妈妈又说："这儿没人，可以扔了。"小孩子就顺手把酸奶瓶扔在草坪上。其实，往前再走几步就有果皮箱。

这位妈妈其实无意中给孩子传递了这样的信息：只要不让人看见就可以随便扔东西。更严重的是，因为大人的教育不当，使孩子不能养成维护公共场所卫生的好习惯，而且还使她学会了当着人一套，背着人又一套的"本领"。尽管家长们是不经意地随口说出来，但实际上是有意地"启发"了孩子，给孩子传递了一些不健康的信息或一些畸形的教育观念。虽然每位父母都不是完美无缺的，但在孩子面前说话时，都应该留点神，不要口不择言。

3.匡正孩子的言行，培养孩子的好习惯

可能有些孩子会说，随着年纪的成长、经历的增多，谁能真正做到不染世俗、一身正气？对此，我们要告诉孩子，这二者并不冲突。我们要从现在开始，就养成良好的行为习惯，比如：守纪、守信、守法，坚决不骂人、打人、偷东西、毁坏公物、随地大小便、扔垃圾、墙壁上乱画乱抹、霸道、自私等，不要小看这些，日积月累，当孩子长大后，他们就会形成自己一套做事原则，即使他们饱经世事，但他们不会因此变得圆滑、世

俗，而是依旧秉持着正直坦荡的做人原则。

4. 让孩子经常参加一些慈善活动或者助人的社会实践活动，让孩子感知别人的疾苦

例如，让儿童为教堂义务劳动，或者打扫附近的公园，这类活动都能教会孩子助人为乐。

13岁的邓小丽，是一名初一的孩子，家庭富裕，她从没体会过生活的艰辛和困苦。一次，母亲在学校的号召下，把小丽送到一个山区的家庭"体验生活"。那家也有个小孩子，叫妮儿。

妮儿家的房子是用泥土和茅草建造的，屋里黑洞洞的，除了一张破旧的桌子，再没有一件像样的东西了；妮儿长得又瘦又小，个头比自己矮了一大截。为了挣学费，妮儿还要常常去砖窑帮忙挑砖坯。一天只能挣1元2角钱。看到这些，丽莉的心里沉甸甸的。她掏出50元钱放在妮儿妈妈的手里，真诚地说："阿姨，以后我会帮助妮儿的。"

回来以后，小丽像变了一个人。她不再吵着要妈妈买新衣服了，也不再挑食和吃零食了。整整一个暑假，她没有吃一根冰棍，用省下来的300元钱买了文具、衣服，寄给了妮儿。

这个孩子就是个满怀爱心的人，能够随时发现别人的困难，并且能把帮助别人解决困难当作自己的责任。能够在生活中遇到这样的人，是一种幸福，而她这种品质的获得正是父母用心教育的结果。我们教育孩子，不是让孩子享受物质生活，而是要富足孩子的精神品质，因此适当的生存体验还是需要的，让孩子明白世界上还有许多不幸的人需要帮助，这有利于孩子正确人格和品质的形成。

总之，孩子在少年时就一定要赶快积累知识，但同样也要注重德行的修养。我们父母要着力培养孩子明辨是非的能力，一个能明辨是非的孩子就绝不是一个自私、狭隘的孩子，这样的孩子才不会活在自己的小世界里，会立志对国家和社会作贡献，长大后才会有出息。总之，这种品质的获得将会对孩子的一生都大有益处！

培养和强化孩子的应变能力

生活中，我们总是会遇到这样那样的意外情况，这对于成长期的孩子来说也不例外。因此，我们必须训练孩子的独立应变能力，这样，我们的孩子才能沉着冷静面对突如其来的情况。应变能力是思维能力的一种，思维的力量是巨大的，一个人在遇到问题时是否有较好的应变能力，也是与其思维能力分不开的。善于思维的人总是能机智应对，顺利找到解决问题的出路。

2006年2月《环球时报》曾经报道过这样一个故事：

有个五岁的小男孩叫萨契利，这天，他的妈妈开车带着他和他仅八个月大的弟弟去另外一个地方，就在某条公路上，不幸的事情发生了。

当时，他的母亲在车上找手机，因为一时疏忽，车子一下子失控了，汽车的左侧撞到了树上，车窗全都被撞碎，坐在驾驶位置上的妈妈一下子就晕了过去，头上鲜血直流。这时的小萨契利害怕极了，但他还是很快冷静下来，然后爬到车后座，解开弟弟身上的安全带，然后抱起弟弟从车里爬了出来。

后来，他居然一个人步行了将近1公里，敲了3户人家的门。后来，到第三户的时候，有一个叫南希的人给他开了门。当南希打开家门时，她被眼前的景象惊呆了，一个才1米高的小男孩，光着脚，满脸恐惧，手上抱着一个正在哭泣婴儿，还没等南希反应过来，男孩冲着她大喊："我妈妈在公路下面，求您快去救她。"听完男孩的讲述，南希跳上车前去救援。消防人员也随后赶到。男孩妈妈被送往哥伦比亚医疗中心重症监护室。在昏迷了10天后，她终于睁开眼睛说话了。

这个故事的确令人震撼，一个五岁的男孩，还未对社会有全面的认识，怎能有这样的勇气和应变能力？无疑，这种应变能力是不断培养和积累获得的。那么，现在我们来假设一下，假如我们的孩子也遇到这样的情况，他们是否也能做到如此镇定、毫不畏惧呢？

那么，我们该如何培养孩子的应变能力？

1. 平时就培养孩子稳定的情绪

我们不得不承认，孩子本身就是比较情绪化的，很多孩子在这一问题上做得并不好，他们一遇到问题就牢骚满腹，或者求助于家长，这样做，又怎么能培养出良好的应变能力呢？

对此，我们要告诉孩子，首先不管遇到什么情况，你都不要惊慌害怕，只有冷静的头脑才能进行理智的思维，也才能找出解决问题的方法。为此，你不妨做一做深呼吸，然后告诉自己："没什么大不了的。""我能搞定。"

2. 在日常生活中培养孩子的勇气

在合理的范围内，可以让孩子大胆地做自己想做的事，一个敢作敢为的人，才能有勇气、有信心面临突发问题。值得一提的是，攀爬、蹦跳、奔跑乃至一些竞技类的游戏可以培养孩子的勇气。当然，活动中安全必须是第一位的。

3. 教会孩子独立应变生活中的一些问题

不管做什么事，总会有一个从不会到会的过程。我们可以让孩子独立去面对一些生活中的小问题：比如，妈妈不在家，让孩子自己做饭吃；家里来了客人，让孩子主动学会招呼等。

4. 告诉孩子如何找到问题的关键点

突发状况的出现，肯定是有个环节出了问题。因此，你要告诉孩子冷静下来后，就要重新审视事情的全部过程，找到关键问题，才能有的放矢进行补救。

5. 学会从宏观角度把握问题

在一些难题面前，如果孩子只是着眼于手上的事，并一门心思解决，那么，他很可能陷入思维的局限中。此时，我们可以给孩子一点点播，因为我们成人的思维格局相对孩子要更广阔，只有从宏观角度把握，才能省去很多烦琐的思维过程。

6. 增强孩子情境应变能力

在紧急状况下，孩子不可能记住只告诉他们一遍的事情，对此，我们可以进行强化，比如，我们可以通过做"要是……该……"的游戏，让孩子通过独立的思考对潜在有害的情境做出防护反应。例如："雨下得很大，要是有陌生人邀请你搭他的车回家，你该怎么办？""要是陌生人叫你的名字，并说你爷爷受伤了，由他来学校接你回家，你该怎么办？""要是在放学回家的路上有人跟着你，你该怎么办？"

另外，家长还可以用故事的形式教孩子学习故事中人物的勇敢、沉着、机智的精神和本领。例如，《狼和小羊》的故事中小羊识破老狼假面孔的经过，会给孩子很大的启发。"文明出行网上知识竞赛"中有以下情境：

（爸爸戴上墨镜扮演陌生人，妈妈扮演邻居阿姨，小孩假装独自在家。）

陌生人："快开门！"

孩子："你是谁呀？"

陌生人："查煤气的。"

孩子："我爸爸倒垃圾去了，他马上就回来，你稍等一下。"

陌生人："赶快开门，我查完煤气还有许多别的事！"

孩子："邻居的阿姨在家，你先查她家的。"（大声地）"马阿姨：有人查煤气……"

陌生人：（慌慌张张地走了。）

　　邻居阿姨：（开门出来）"这肯定不是查煤气的！是个骗子！"

　　这些假设是让你的孩子知道，在某些情境下如何应对才是正确的，同时也使他们在日常生活中遇到突发状况不必感到恐惧。

　　总的来说，我们在日常生活中要多训练孩子的思维能力，思维能力提高了，孩子的应变能力自然也就会有所提高。

第 08 章

专注力提升，超强专注力是好头脑的表现

　　学习不认真、做事不专心、好动、走神发呆、粗心马虎、自控力差、一心多用、学习困难……这都是孩子注意力不集中的表现，也是一个普遍存在的教育问题，不仅我们的父母发现了，学校老师也为之头疼，虽然学校也在努力解决，一些老师上课时也总是重点强调要认真听课，但并没有起到什么显著效果。很多时候，还需要父母在家中对孩子进行注意力的培养与提升。作为家长，我们要知道，注意力是打开孩子心灵的门户，家长只有从小注意对孩子注意力的提升训练，才能真正挖掘孩子的天赋和潜能。如果不加以引导，将会对孩子造成严重的影响。

孩子的好头脑，来自超强的注意力

在家庭教育中，我们经常听到一些家长谈到自己的苦恼："我女儿很聪明，但就是特别粗心，考试时大题不会做，小题总出错！常被老师点名批评！""我家女儿上课总是不注意听讲，课下什么也不会，因为这我打过、骂过，总是不管用！""我的儿子做作业，总是磨磨蹭蹭，一会儿动这个，一会儿玩那个，一点作业都要做到半夜！"……其实，这些父母苦恼的问题都能归结到一点——孩子注意力差。

面对此情此景，一部分家长要么采取"棍棒式"教育——训斥或者体罚，要么是常常抱着侥幸的心理，觉得注意力不集中等到孩子长大自然就好了。实际上，这都是两种教育上的误区，俗话说："三岁看小，七岁看老"，随着责骂、随着年龄的增长，孩子注意力不集中非但不会好转，反而会对孩子产生很大的危害！

对于孩子来说，注意力是他们成长道路上绝对不能被忽略的一项能力。孩子游戏玩耍时需要注意力，否则无法体会到酣畅淋漓的快乐；学习时需要注意力，否则无法真正学习到知识；在与人交往时也需要注意力，只有这样才能与他人建立起最基本的联系……对于孩子来说，良好的注意力可以帮他们打开心灵的窗户，让他们能更广泛、更深入地接触、认识并了解这个世界。

我们生活的世界是色彩斑斓的，事物也是呈现出千姿百态的。那么，我们为什么会对周围的事物有这样的感知力呢？又是如何得出我们的结论呢？其实，能让人类产生这样感觉的原因，就是人们拥有注意力。

正因为如此，法国生物学家乔治·居维叶说："天才，首先是注意力。"俄国著名教育家乌申斯基这样评价注意力："注意力是我们心灵的唯一门户，意识中的一切，必然都要经过它才能进来。"就连伟大的革命导师马克思也同样表示："天才就是集中注意力。"

由此可见注意力是多么重要。可以说，人类认识世界的一切信息与智慧，都是借由注意力才获得的。作为大脑进行感知、思维、记忆、逻辑判断等所有认识活动的基本条件，注意力是一切认识的基础。

历史上许多著名的科学家之所以取得令人瞩目的成就，与其拥有良好的注意力有很大关系。良好注意力对他们帮助很大。

法国科学家居里夫人从小就有专注于学习的习惯，即便有其他小姐妹过来恶作剧，她依然不为所动，继续认真学习，成年后的居里夫人在科研工作中更是认真专注，即便获得了学术上的巨大成就和荣誉后，她也丝毫不为所动，依旧专心于科学事业。

法国雕塑家罗丹，一生热衷于雕塑。一次，一位朋友前来他的家中作客，但他依然沉浸在雕塑中，且一边修改一边念念有词，直到两个小时后才满意地停止，而他的朋友就这样等了他两个小时。

英国细菌学家弗莱明，在诸多的培养器皿中发现了一只长出了团青色霉菌的培养皿。他对这个现象格外注意，并由此展开了认真的观察，还进行了严谨的培养研究。最终，他发现了一种强有力的杀菌物质——青霉素。

类似这样的事例数不胜数，我们再来看看陈毅爷爷小时候认真读书的故事：

有一次，他正在看书，妈妈敲门进来，端来了一盘饼和一碗芝麻酱，叫他蘸着吃。在他的手边，放了一个很大的墨盒，因为每天都要用，所以墨盒经常是开着的。

陈毅一边看书，一边吃饼，不知不觉中，竟把酱蘸错了，将墨蘸到了

嘴里，他完全没发觉，反而吃得津津有味，妈妈走进屋里，看到他满嘴都是墨，吃惊地叫起来："你在吃什么？"这时，陈毅才发现自己蘸的不是芝麻酱，而是墨水。妈妈一边责怪他，一边心疼得拉他去漱口。

陈毅笑着说："没关系！吃点墨水好啊！我肚子里的'墨水'还太少了呢！"

可见，古今中外的学者都非常强调注意力的重要性，注意力不集中，学问就很难做好。其实不只是做学问，无论哪个行业，无论做什么事，几乎每一位历史人物所作出的卓越贡献，无一不与注意力有着千丝万缕的联系。

然而，不得不说，我们孩子的注意力状况令人堪忧。《中国青少年注意力状况调查报告》显示，在接受调查的2000多名学生中，能在上课时做到集中注意力的只有58.8%；能坚持听课达到30分钟以上的只有39.7%的人；而自习时，则只有48.6%的人可以集中注意力；有超过20%的人经常走神。

另外，根据调查报告，我们得知，在这些孩子中，表示明确得到过来自学校、父母或社会中关于注意力的帮助的只有16.1%，有52.7%的人表示，父母和学校开始认识到注意力对于自己学习的重要性了，这样的数据告诉我们，竟然有近一半的孩子的父母是不关心孩子注意力问题的。不仅如此，当孩子出现注意力不集中的问题时，一些父母也只是告诫和提醒，认为孩子是不听话或者不爱学习造成的，并没有深刻了解和认识孩子注意力的问题。

的确，孩子注意力不集中，是一个普遍存在的教育问题，不仅我们的父母发现了，学校老师也为之头疼，虽然学校也在努力解决，一些老师上课时也总是重点强调要认真听课，但并没有起到什么显著效果。很多时候，还需要父母在家中对孩子进行注意力的培养与提升。

可喜的是，一些父母已经意识到了这一点，所以也在积极寻找办法来解决这一问题。要帮助孩子提升注意力，我们家长首先要科学认识注意力，并了解孩子注意力差的原因，不可盲目训练。

总之，作为家长，我们要知道，天才，首先是注意力，而专注力是一种习惯，而习惯要从小培养，抓得越早，后面效果就越好。

孩子注意力不集中不是小事

作为家长，你的孩子是否有这样一些表现：作业总是做错，粗心大意；在家学习时只要外面有一点动静，就忍不住跑出去看个究竟；上课过程中也不知道想什么，老是走神，不专注。面对注意力不集中的孩子，家长不是长吁短叹就是暴跳如雷，还有一些妈妈会大声训斥，以为这样就能帮孩子拉回注意力，可遗憾的是，大声吼叫只能维持几分钟的效果，孩子也只是在那一瞬间集中了注意力，但随后又会变成一个坐不住的"魔童"了。

也有一些父母，则会觉得孩子注意力不集中是因为孩子还小，不懂事，长大了就好了，但是研究表明，只有35%的孩子在成长过程中注意力会有所改善，65%的孩子因为注意力问题伴随终身。注意力是一切学习的基础，是孩子通向成功的保障！所以，对于孩子注意力的问题，我们不可小视。

其实，面对这样的情况，我们应该从小培养孩子的注意力，掌握孩子注意力的发展规律，采取科学的方法，让孩子掌握集中注意力的方法，这比单纯地抱怨孩子注意力不集中，大吼大叫地训斥孩子更为重要。

所谓注意力，又称专注力，是指能将焦点或意志集中在某一件事物或任务上并持续一段时间，而不被外界刺激所干扰的能力。良好的专注力，

是大脑进行感知、记忆、思维等认识活动的基本条件。

那么专注力过低的话，对孩子的发展会有什么危害呢？

1.学习成绩差

6~12岁的孩子，正是进入小学、开始有升学压力的时候，此时，成绩对于他们来说尤为重要。作为父母，我们也希望他们考入好的学校，希望他们能在未来社会中有所成就，但其实，孩子的智力不是天生的，根据国外的一项研究报告证实：98%的孩子智商都是差不多的，只有1%的孩子是天才，也只有1%的孩子是弱智。那为何在100个孩子当中，成绩悬殊那么大呢？最主要的原因就是有些孩子注意力不集中，无法持续地学习与做事。

在孩子的学习成长过程中，专注力是直通心灵的门户，门开得越大，孩子学到的东西就越多。专注力同时还是最重要的发展因素，是记忆力、想象力、思维力、观察力的准备状态。专注力的高低更是直接影响着孩子学习成长发展的状态程度。

注意力差的孩子注意力集中时间比其他孩子短，且容易分心散漫；上课难以集中精神，对课堂内容一知半解；作业拖沓、学习时易走神、发呆、被无关事情吸引，导致学习费时、效率低下；即使考试前书念得很熟，考试时却会因分神而记不起来或写错等，严重影响学习和考试成绩；办事时总是丢三落四，如经常忘记学习用品放在哪里，学习容易半途而废。

2.无法遵守集体规范，难以适应集体和社会生活

不难发现，那些上课不认真的孩子，还伴有以下这些特点：上课时总爱做各种小动作，如玩笔、玩橡皮、玩课本撕书等，容易导致课堂上违规、违纪等情形；容易被众多新鲜的刺激所吸引，抗诱惑和干扰的能力差，往往无法遵守规范和指令，难以适应集体生活和社会。

3. 容易惹是生非，成为"问题儿童"

教育专家通过调查研究发现，孩子长期的注意力不集中、好动不安、上课不专心、爱做小动作，是感统综合能力失调的一种表现，会给家里和学校带来麻烦，孩子容易惹生非，甚至成为打架、逃学、早恋等问题孩子。

4. 自理能力不足

注意力不集中的孩子无法胜任那些有目标的活动，自理能力也就差，他们不会做家务、作业等；自我整理、打理能力差，房间常有脏乱现象；缺乏组织能力，无法作好整理、整顿的工作；也有一些孩子看似身体发育正常且肌肉能力较好，但是在语言能力、画图、使用剪刀等要求协调性的活动中就有些落后；即便是玩耍，他们也会因注意力不集中而粗心大意，容易在运动和生活中受伤。

5. 容易不自信，在成功面前望而却步

这些注意力不集中的孩子很难适应较重的学习要求和压力，因此，经常感到压力大，而且缺乏自信，更别说去主动竞争了。另外，任务完成的不好，考试成绩差，得到的都是家长和老师的责骂，久而久之，孩子的自信心就会受到伤害，很多孩子一自卑就更加完成不好任务，往往还没做事，就会出现悲观、失望、胆小、怯懦等心理及行为。

同时，因为自信心不够强，又会引起各种问题与行为，进而感到被孤立；最终因长期的环境不适应与经历挫折，严重缺乏自信心，成长发展彻底失衡。

而那些能集中注意力的孩子，他们不仅能在学习成长上取得比其他孩子更快的进步，长大后进入社会更是能因为专注而在工作领域获得很大的成就。所以说，专注力的高低不仅影响着孩子学习成长发展的状态，更是直接塑造了孩子以后的人生。

6. 人际关系紧张

也许你会感到诧异：注意力不集中与人际关系也有关系？

没错！

经过调查研究发现，那些注意力不集中的孩子，同样也有这样一些问题，如经常冲动任性、注意力不集中的孩子情绪不稳定、不愿意与人分享和共享物品、容易与同学发生冲突、经常搞小动作、经常打断别人谈话、不愿意听父母或老师的话、忽视别人感受，致使人缘不佳。人际关系的失衡往往会影响到孩子的情绪健康和人格健康，处理不当，甚至产生严重的心理问题。

不过，专注力的高低并非天生不变的。有些孩子一开始表现出很高专注力，但平时总是受到父母无意的干扰，那么在他长大后专注力极有可能很低。有些孩子即使从小缺乏专注力，但只要自觉有意识地去培养，是绝对可以提高的。这其中的关键是，要在准确把握孩子的专注力水平现状的基础上，采取科学针对的专业指导培养，这样才能快速有效地提高。

如何判断孩子的注意力有没有问题

我们发现，不少孩子上课总是开小差，玩玩这个，看看那个，下课时间乱蹦乱跳，撞到同学也是嬉皮笑脸的；考试过程中也是东张西望，不好好地做自己的卷子；无法注意力集中的做自己的事情，还总是打扰到别人……其实，这些都是学生中十分普遍的现象，也是最让家长头痛的重要问题之一。有很多家长还没意识到，总是认为，孩子是不是有毛病，是不是天生不是一块学习的料。其实不然。这是因为孩子注意力差。

我们不得不说，无论是成人还是孩子，都有一定程度的注意力不集中的问题，只是相对于孩子来说，我们成人的自控能力更强，并且，同样是成长期的孩子，一些孩子注意力更好一些，他们做事效率更高，相对的注意力差的孩子不仅事情做不好，还容易对他人产生影响。

不过，也有一些父母好奇的是，一些孩子在这一问题上显得很矛盾，你说他注意力不好吧，但是他有时候也比较认真，且认真起来谁也比不上，但是你说他注意力好吧，可他除了玩游戏、看电视，做其他任何事情却又很难坚持下去。尤其是学习上非常容易分心，课堂上爱说话，要不就是做小动作，不仅其他同学也跟着没法好好听课，老师上课也容易受他影响。

的确，很多父母陷入迷惑中：我的孩子注意力到底有没有问题呢？

对此，我们先要来了解下什么是注意力。

注意力是指人的心理活动指向和集中于某种事物的能力。而孩子的注意力主要就是指孩子专心做事、专心想事的能力。对于很多孩子来讲，注意力就代表孩子能够集中注意力完成学业的能力。

我们要判断一个人的注意力好坏，要找到一定的标准，而标准就是注意力的四大品质：注意的稳定性、注意的广度、注意的分配和注意的转移，这是衡量一个人注意力好坏的标志。

一般针对注意力的训练也会从这四个方面来分别展开：

1. 注意的稳定性

所谓注意的稳定性，指的是一个人在一定的时间内，比较稳定地把注意集中于某一特定的对象与活动的能力。比如，孩子上课，认真听课能提升听课质量，相反，如果上课的大部分时间孩子都不在状态，那么，孩子的学习效果自然不如意。

2. 注意的广度

所谓注意的广度，指的是注意范围的广度，也就是人们对于所注意的事物在一瞬间内清楚地觉察或认识的对象的数量。

研究表明，在一秒内，一般人可以注意到4~6个相互间联系的字母，5~7个相互间没有联系的数字，3~4个相互间没有联系的几何图形。

当然，不同的人，注意的广度是不同的，一般来说，成人的注意广度比孩子大，但是随着孩子成长，注意力的广度会不断得到提高。

3. 注意的分配

注意的分配是指一个人在进行多种活动时能够把注意力平均分配于活动当中。比如，我们作为家长的能一边看新闻，一边做饭；孩子能一边看书，一边记录书中的精彩部分。

然而，人的注意力毕竟是有限的，不可能将所有事都尽收眼底。如果苛求自己什么都注意，那最终可能什么东西都注意不到。但是，在注意的目标简单或者已经很熟悉的情况下，是可以做到一心多用的。当然，能否做到这一点，还和注意力能够持续的时间有关，所以要根据自己的实际能力，逐渐培养有效注意力的能力。

4. 注意的转移

注意的转移是指一个人能够主动地、有目的地及时将注意从一个对象或者活动调整到另一个对象或者活动。

注意力转移的速度是思维灵活性的体现，也是快速加工信息形成判断的基本保证。例如，在孩子看完了一个他喜欢的动画片后，此时隔壁的同学来和他一起讨论数学题，孩子如果能及时从动画片中转移出来，那么，孩子的注意转移性就不错。

注意力集中和转移注意力是一个事物的两个方面。孩子每天都在这两种状态下学习或生活，每天要上好多节课，每一节课的内容都有所不同。上语文课的时候全神贯注，上数学课时无法让注意力从语文课转移到数学课上，那么数学课的学习效果就会大打折扣。可见，对学生来说，学会转移注意力和注意力集中对提高学习成绩同样有益处。

如果您觉得孩子已经存在注意力方面的问题，如多动、马虎、走神、发呆、写作业拖延等，应及早进行测评和诊断，了解孩子注意力情况，及早进行干预。

哪些因素导致孩子注意力差

作为父母，我们都知道，注意力对于人的影响特别大，无论是成人还是孩子，注意力不集中，对于我们的生活还是学习都有严重的负面影响。作为父母，我们也希望自己的孩子认真专注，但他们却经常因为注意力不集中而感到焦虑。

丹丹今年6岁了，她最近表示想学绘画，于是丹丹妈妈在征求了丹丹的意见之后，就给丹丹报了绘画辅导班。没想到她才去了两个星期，就坚持不下去了，每次画画的时候也没有办法静下心来，到最后画画这件事也就不了了之。平常孩子写作业也是，写着写着就开始玩了起来。

丹丹这种情况的人很多，他们的家长经常会听到老师的负面反映。在学校里面的时候，上课的时候经常会走神，就跟别人说小话，或者是手上要玩一些东西，回到家里边做作业的时候也很不专注，经常手上不是要玩一个橡皮，就是要撕张纸，总之没有看见他按照爸爸妈妈的期望那样很认真的在那边做功课，那么究竟孩子注意力不集中是什么原因而造成的呢？我们爸爸妈妈该怎样去解决这样的一个状况呢？导致孩子自控能力差的原因都有哪些？

1. 身体疲惫

当孩子的身体疲乏，精神力不足、身体虚弱多病的时候就很容易引起

孩子情绪上的不稳定，也会对孩子的注意力有所影响。

家长都可以注意到，如果孩子在晚上赶作业的时候，其实更容易出现注意力不集中的情况，因为这个时候孩子的身体已经相当疲惫了，休息的时间也不充足，当孩子休息时间不充足时，精神也自然而然不能集中。另外当孩子情绪不好的时候，因为情绪波动的原因，内心会更加无法集中注意力去做一件事情。

2. 为了获得关注

事实上，每个孩子都希望得到父母的关心，这是他们的心理需求，而不仅如此，到了一定年纪的孩子，更希望来自周围其他很多人的关注，这是他们的意识发展到一定阶段的必然结果，如果孩子因为某些原因而常常受人冷落，或者是父母很少关注他们，他们就会通过这种"制造"麻烦的方式来获得关注。

对于这种情况，一方面我们要多关注孩子的心理需求，在平日里多关心他们，多陪在他们身边，工作很忙的父母，也要尽量抽时间和孩子多聊天，多与孩子相处，只要他们的需求得到了满足，他们的这种表现就会减弱。另一方面，我们不要在孩子"捣乱"时过分关注，他们很容易因为你的关注而"得寸进尺"，而要引导他们认识到"拥有好行为，才能真正获得他人的关注"，同时我们要及时肯定和鼓励孩子专心学习、做事的表现。

3. 外界干扰

其实每一个孩子天生的注意力都是很不错的，但是如果家长们在日常生活中经常做一些打扰孩子的事情，就会导致孩子无法集中注意力做自己喜欢做的事情。

例如孩子在周末的时候十分专注地在书桌前做一组绘画，但是奶奶担心孩子太长时间做一件事情会感到疲惫，于是就会到孩子的书桌前："孩子休息一会儿吧，先吃一点水果"，或"孩子这是奶奶温好的牛奶，先喝一点牛奶补充体力吧"，再或者"孩子，这是奶奶刚刚买好的点心，先吃一会儿再画吧"……而孩子在一次又一次抗议无效之后，终于妥协，听从奶奶的建议吃一些水果、喝一些牛奶。但是在做完这一切之后，却无法再提起精力投入画画了。

4. 多动症

多动症又被称为注意力缺陷多动症（ADHD），如果发生在孩子身上的话，主要表现就是在学业上注意力不容易集中，或者注意力能够集中，但是时间很短，并且容易情绪波动大、没有耐心，生活中也会比其他孩子更加好动等。

如果孩子特别调皮捣蛋，一刻也不能停下来。那么很有可能是因为孩子多动症的情况，因为很多时候孩子因为年龄过小，无法控制自己好动的情况，所以就很容易因为多动症，出现学习时无法做到注意力集中、在学校无法和其他人和平共处、学习成绩低下的情况。

有些家长都认为孩子的年龄还小，即使调皮捣蛋一些也是正常的情况，不应该限制孩子的活泼好动，即使孩子注意力不集中也无所谓，等孩子大一些再进行适当的引导，进行纠正就可以了。

但是这些家长们可能没有考虑到，如果习惯一旦养成，发展到严重的程度，演变为"注意力缺陷障碍"，就需要进行专业的治疗了。俄罗斯教育家乌申斯基曾指出："注意力是我们心灵的唯一门户，意识中的一切，必然都要经过它才能进来。"

注意力几乎是每个人都应该具备的基本能力，而家长更应该从孩子小的时候就进行培养，因为每一个人都需要一定的专注能力，才能够更好的更高效率的做一件事情。

如果孩子一直无法做到注意力集中的话，也会带来很多的危害，这一点我们在前面的章节中也分析过，但无论如何，我们父母都要引起重视，尽早干预和影响，以帮助孩子尽快调整。

每天让孩子做一点家务，从小事磨炼孩子的专注力

在家庭教育中，已经有很多父母认识到训练孩子专注力对于提高孩子智商的重要性，认真的孩子才聪明，这对孩子的学习乃至今后的人生发展都有着至关重要的作用。然而，一些父母感叹，如何对孩子进行注意力训练呢？其实，我们大可以从日常生活中开始，比如，锻炼孩子做家务的能力，每天为孩子布置一点家务任务，在这一过程中，不仅可以增加孩子做事能力，更可培养其认真专注的习惯。

然而，孩子天生是爱玩而不爱劳动的，那么，我们该如何引导孩子做家务呢？

秋天的一个周末，妈妈准备对全家上上下下进行一次大扫除，对飞飞说："你房间的小电扇，都是灰，你拆下来洗一下吧。"没想到飞飞却说："妈妈，你自己拆吧，我正忙着呢！"

听到儿子这么说，妈妈不怎么高兴，她心想：这孩子，都这么大了，什么事情都不做，这样下去，以后住校了可怎么办？于是她说："飞飞，你都十岁了，是个男子汉了，该做些家务来锻炼自己了。"

"妈妈，你今天可真是奇怪，平时我主动要求做家务，你都不让。我说买菜，你说怕人家坑了我；我说刷碗，你怕我把碗打碎了；我洗衣服，你又说我洗不干净。"

"以前是妈妈不对，现在妈妈觉得错了，适度做点家务对你的成长大有益处。尤其是能训练你的专注力哦。"

"嗯，妈妈说得对，那从今天开始，我就当妈妈的小帮手吧。"

和飞飞一样对家务丝毫不插手的孩子在现代家庭中为数不少，这不仅与孩子自己的惰性有关，更重要的是父母不恰当的教育方式。

一是家长喜欢大包大揽，不懂得让孩子从小养成爱劳动的好处；二是有的家长一开始也想让孩子干一些力所能及的家务活，但几次孩子做不好，就不让他们做了；三是在"万般皆下品，惟有读书高"这种传统观念的影响下，不少家长忽视了对孩子的劳动教育。我们的父母大多数是不让孩子做家务事的，甚至孩子自己该做的事如收拾书包，叠被子等家长都要代劳。90%以上的家长要求孩子只管弄好自己的学习。如此种种想法，其实都是不必要的。这样做是剥夺了孩子的成长舞台，把孩子管成了事事依赖父母的精神残疾。

事实上，劳动教育对孩子的全面发展有着重要作用。教育专家认为，孩子的智慧在指尖上，让孩子适当做一点家务，不但不会影响孩子学习，还能开发孩子各方面的能力，其中就有智力，尤其是注意力方面的提升。当孩子学会了做一些家务后，我们就要让孩子做家务，最好每天给他布置一点任务，这样不仅仅是为了减轻父母的负担，还可以促进孩子的全面发展。通过承担一定的家务责任，孩子能够形成自我意识，建立起自信心，更有助于孩子形成独立的人格，更能让孩子多掌握一些日常生活中的科学知识等，为孩子以后的成长打下基础。

但可能有些父母会发出疑问：对于这些已经懒惰成性的孩子来说，怎样才能让他们做家务活呢？确实，现在的独生子女能做到这一点是很不容易的。放手让孩子干一些家务活，这话说起来容易做起来难。那么，有什么好方法让孩子们"动"起来呢？又该如何与他们制定规矩呢？

其实，要提高孩子的劳动积极性，少不了鼓励和表扬。

"儿子从小就爱劳动，这是因为我经常夸他，记得儿子3岁半时，我

用破衣服给他做了一个小拖把，每天让他学习拖地。虽然他那架势像是在写大字，但我仍高兴地夸他'是个爱劳动的好孩子'。有时，邻居们看见了，也忍不住表扬他几句。得到肯定后，儿子的干劲更大了，不但要争着拖地，还抢着擦窗户、洗碗。后来，儿子上了初中，好像变懒了，我还是使出了旧招数。那天，我很忙，没回家做饭，等做晚饭时我回来了，一揭锅，才发现饭菜都做好了，虽然很难吃。我无奈地笑了笑，但还是进房间对儿子说：'你的饭菜味道不错哦，不过如果少放点盐会更好些。'儿子高兴地答应了，下回做饭味道好多了。"有位妈妈提到自己爱劳动的儿子的时候满脸笑容。

事实上，孩子并不是不愿做家务，关键在于家长要善于引导，使其保持对劳动的积极性。所以，作为父母，我们要适当超脱一些，尽早放手让孩子成长。让孩子在做好他们自己事情的同时，也多做些家务，这样，不但能培养孩子的自立能力，更能锻炼孩子的注意力。

让孩子做家务是帮助孩子成长的最好机会，它不仅可以增加孩子做事能力，更可培养其专注的习惯。然而父母在培养孩子做家务习惯时，需要时间与耐心及周详的计划，让孩子能"自主自发"地去做，才能达到教育的效果。对于一些年龄较小的孩子，我们最好给予指导：

（1）择菜：这一家务能让孩子知道自己每天吃的菜是如何做成的；从择菜到洗菜和烧菜一个过程都不可缺少，也能让孩子明白家长做饭的辛苦。

（2）洗米、煮饭：从我们打开米袋、舀米开始，都可以和孩子一起进行，要告诉孩子家里几口人、需要洗多少米，洗米时，也可以告诉孩子，这水除洗米外，还可以留着做其他用途，如洗菜、浇花等，让孩子除了参与家务外，还能教育孩子节约概念。

（3）扫地、擦桌子：这些家务虽然看起来简单，但我们是成人经常做，孩子却并不熟练，当孩子第一次做这些小事时，可以为孩子专门准备一块抹布，再让孩子试着去做家务，或由父母教孩子如何做，才能将桌子、地板弄干净。

（4）晒、收、叠衣服：晒衣服时，因为身高问题，我们可以为孩子拿衣架，然后晾起来，收衣服时，孩子还小，可由他们负责拿自己的衣服；叠衣服时，孩子也可以学习折叠及分类放好。

对他们来说，劳动过程就是一种娱乐，一种游戏，如果把纯粹义务性，没有任何兴趣的劳动安排给孩子，反而会引起孩子的反感而不利于劳动情感的培养。家长应该从孩子的兴趣入手进行引导，在劳动过程中融入游戏性，满足他们的童心与好奇，鼓励他们参与劳动，同时提出一定的要求，慢慢养成良好的劳动习惯和能力。

第 09 章

提升学习能力，在学习中启迪孩子的智慧

很多父母都望子成龙、望女成凤。学习能力的好坏，不仅事关孩子成绩的好坏，更是孩子智力水平的重要指标，因为聪明的孩子更会学习。毋庸置疑，孩子到了6岁以后，其主要活动是学习，因此，这段时间的孩子最需要父母给予学习上的辅导。因此，我们不仅要做好父母，还要做好孩子的家庭教师。因为家庭教育是一切教育的起点，任何孩子都可以成为天才，就看父母如何教育。针对孩子的学习问题，父母一定要引起重视，更要帮助孩子找到最佳的学习方法，从而让其提高学习效率，提升学习成绩！

为孩子创造良好的学习环境

孩子到了6岁以后，其主要任务便是学习，这一点是毋庸置疑的，学习能力也是考察孩子智力水平的重要指标，作为父母，我们都希望孩子能成才，能取得好成绩。于是，我们尽自己最大能力让孩子上最好的学校，给孩子请最好的辅导老师，但孩子依然不能好好学习，但是我们是否反思过，我们为孩子创造出好的家庭环境了吗？现在，我们来回想下，当你和其他朋友在家开聚会、打麻将时，你似乎否对孩子说过："你回房间学习，不要出来！"当你和爱人吵架时，孩子是否怯懦地站在一边，不敢说话？家里是否经常出入很多亲戚、朋友？试问，这样吵闹的环境，孩子如何学习？想必即便是我们成人，也很难做到吧！

教育专家建议，作为父母，要给孩子创造整洁温馨的家庭环境，让孩子专心学习。那么，具体来说，我们该怎么做呢？

1. 打造一个专门的学习场所

在有条件的情况下，为孩子准备一个专门的房间让孩子安心学习。房间要整洁、明亮，不需要繁复的装饰，布置简洁舒适即可。电脑和电视不要放在孩子的房间里，玩具收起来放到柜子或箱子里，以免在孩子学习的时候分散注意力。没有条件的情况下，也最好为孩子准备一个学习角，安置书桌和椅子，让孩子有一个安心学习的地方。

2. 营造一个安静的不受干扰的学习环境

家长要为孩子准备一个安静的不受干扰的学习环境，让孩子能全神贯注地学习。在孩子学习的时候，家长要监督孩子远离电脑、电视机、手机和玩具等会分散孩子注意力的东西，不要让孩子一边学习一边做其他事。另外，孩子学习的时候，家长也要克制一些，不要在家里看电视、打麻将、大声谈笑，以免嘈杂的声音干扰孩子，让孩子难以静下心学习。所以，家长在孩子学习的时候，要尽量为孩子排除一切干扰因素。

3. 营造一个勤学上进的学习氛围

父母是孩子第一位也是最好的老师，父母的一言一行对孩子的影响是很大的。家长勤奋好学，在工作之余也不忘读书学习，刻苦钻研，不断地充实自己，不仅能为孩子树立一个热爱学习的好榜样，也在无形中传达一个暗示：学习是一件很重要的事情。在这样潜移默化地影响下，孩子会在不知不觉中提高对学习的兴趣，自觉地加入父母的行列，一起努力学习。因此，父母要以身作则，率先学习，在家中营造爱学习的氛围，成为孩子学习的榜样。

4. 营造一个温馨和睦、和谐的家庭环境

温馨和睦、和谐的家庭有利于孩子的身心健康成长，能给孩子足够的安全感，让孩子心无旁骛地投入到学习中去。因此，父母要努力为孩子构建一个温暖、和谐的家庭环境。夫妻之间要相互尊重，相互理解，即便发生矛盾也不要当着孩子的面争吵，以免让孩子因此感到焦虑和不安；父母要多和孩子沟通，尊重孩子，让孩子亲近和信赖，成为孩子最好的朋友，孩子遇到学习上的难题，也愿意向父母倾诉，和父母一起寻求解决的办法。

5. 给孩子营造的环境不要有太多刺激

给孩子的环境不要有太多刺激，色彩不宜太跳跃，尽量是比较舒适、安静的环境，此外，玩具也不要太多，会分散孩子的注意力。告诉他玩完一件放回去再拿一件，或者组合着玩，自己玩的东西自己收好。玩具种类也是有选择性，不要经常买新玩具，能有难度层次性最好。

6.父母要避免对孩子进行有意干扰

很多时候孩子无法集中注意力，都是因为外界造成过多的干扰。所以家长想要培养孩子注意力的时候，最好能够减少一些外界对孩子的干扰。特别是家长要从自身做起，减少在孩子注意力集中的时候对孩子进行的干扰。

6岁的丁丁在房间里专心地画画，妈妈一会儿开门进来，拿一样东西，一会儿嘱咐丁丁说："你爸今天又喝了酒，睡下了，记住，你今晚不要去他房间打扰他了。"一会儿帮丁丁把新买的画笔递过去："这是我今天去超市买的，跑了好几家才买到你要的这种呢！"就这样，一幅画丁丁画了一个小时。

父母经常意识不到，孩子做事的时候，需要安静，需要不被打扰。这样的打扰，就是对孩子专心做事的一种破坏。

正确做法：一切的事情，一切的话，等孩子做完了一件事再说。

7.不要给孩子施加压力，告诉孩子只要尽力就行

作为家长，我们不要硬性地给孩子制定一个分数目标并让孩子去完成，应让孩子在一种良好的心态下学习。

一个学生说，每次考试前，我爸爸都会告诉我："不要太在意考试结果，只要你尽力了就行"时，我心里一下子踏实了，像吃了"定心丸"一样，学习效率也明显提高。可见家长对孩子的期望值不要太高。

8.适当监督，不可唠叨

家长的唠叨是每一个孩子最惧怕的。作为家长，我们都希望孩子好，但我们说出来的话，孩子们都懂，他们更需要安静和理解。孩子的学习，家长要对孩子监督，但说话要少而精，要有分量，不要一句话说多次，否则孩子就会反感。

不得不说，环境对人的影响是很大的，良好的学习环境能起到促进孩

子努力学习以及促进孩子身心健康成长的作用。家长要为孩子构建一个良好的学习环境，让孩子全神贯注地学习和思考。

引导孩子树立正确的学习动机

孩子到了6岁以后，就要步入小学学习，6~12岁的孩子，也正是面临升学、有高强度学习压力的时候。为此，不少父母不但监督孩子学习，并且十分关心孩子的学习成绩，甚至对于一些父母来说，孩子的成绩单就是他们心情的"晴雨表"，孩子考好了他们就高兴，没考好就满脸阴郁，对此，很多孩子产生这样的困惑：我为谁读书，为谁学习，更多的则认为是为父母学习，为了给父母争面子，而这种学习态度直接导致了这些孩子对待学习和生活冷漠，没有热情，对什么都没有兴趣，觉得整个世界都是没有意义的，整个精神状态看起来都无精打采，对什么都不在乎。

对此，我们要让孩子明白，读书是为了自己，在这样一个竞争十分激烈的社会中，没有知识，就等于没有生存的本领，每个人都在用知识为了自己的未来打拼。寒窗苦读的过程的确很辛苦，但这是一个人立于世的必经过程。

当孩子能树立正确的学习动机，那么，他们就有了动力，并且，即使他们在学习的过程中遇到了很大的压力，他们也能克服，同时，孩子的学习能力也在无形中逐渐提高起来。

这是一个初中孩子的日记："我出生在一个十分幸福的家庭，爸爸妈妈十分疼爱我，但是我不快乐。从小就是妈妈管我学习，爸爸在外面挣钱。每次我除了做完老师布置的习题，还要完成妈妈布置的额外任务。记得有一次妈妈对我说做完20道题就可以出去玩儿，然后她就去做饭了，为了投机取巧，我把前后几道应用题做完就说自己做完了，我想，妈妈是不会发现的，然后我就出去玩了。天黑的时候我才依依不舍的回家。

一到家，我就觉得什么地方不对，只见妈妈沉着脸叫我进屋，问我：'题都做完了吗？'我心虚地说：'做完了。'妈妈生气了，问：'真的吗？'我不敢说话，闷闷地站着。妈妈更生气了，说：'你为什么要撒谎？你以为你学习是为了谁？'我还是不说话。只见妈妈一下子冲到桌子面前，呼拉一下把我桌子上的笔、本子和书全都扫到地上，然后气呼呼地转身走了。

我吓坏了，妈妈尽管对我比较严厉，但是从来没有发过这么大的火，就算是她打了我，我也没有这么害怕过，因为每次妈妈打完我最后还是要过来哄哄我的。

我一个人呆呆地站在那里，不敢动也不敢说话，心想：要是以后妈妈再也不管我学习了可怎么办？屋子里渐渐暗下来，妈妈没有来，也没有别人来叫我去吃饭。

就这样不知道过了多久，我收拾好散落一地的书、本子和笔，鼓足勇气走到妈妈面前，对妈妈说：'妈妈，我错了，我不该骗您，以后我不这样了。'妈妈当然马上就原谅了我。

虽然那次妈妈没有打我，但是真的把我吓坏了，而且从那以后，我再也没有骗过妈妈。但是，学习究竟是为了谁呢？"

作为家长，看完这个故事，是否有所感触？相信你的儿子也可能会像故事中的孩子一样，认为努力学习是为了父母的面子、老师的名声。不得不说，如果孩子这样认为，那么，他肯定会觉得读书、学习是一种负担，没有了学习动力，又怎么能学得好呢？

为了帮助的孩子树立正确的学习动机，我们可以这样与他们沟通：

以下是几点建议：

1. 引导孩子思考：努力到底是为了谁

哈佛大学前任校长劳伦斯·H.萨默斯曾经在课堂上建议每一个哈佛的学生每天都问自己一个问题："我为什么要学习？"

表面上，这个问题很简单，但对于学生来说却十分重要。因为对于孩子来说，只有具备正确的学习动机，才能产生强烈的学习欲望。而相反，如果一个人没有良好的学习动机，也就没有强大的内驱力，更别说学习效果了。

确实，如果孩子们不明白自己学习的动机，不明白读书的目的，就会把学习当成负担，把读书当成任务。

所以，我们父母也可以这样向孩子提问，努力学习到底是为了谁？你可以继续追问："有时候，父母是会逼你学习，会剥夺你玩耍的时间，会让你觉得不近人情，但你是否真的知道自己是为了谁而读书呢？

我们一定要让孩子要明白，读书是为了自己，年幼的时候，可能你不懂得为什么父母要你好好读书，但随着年龄的增长和学长们的经验教训，你也能感受到读书的重要性。知识改变命运，没有知识的人在未来社会只会被淘汰，读书是为了获取知识，为了让自己未来的人生路走得更平坦。

当孩子明白自己为什么读书、为谁读书，考虑清楚这个问题，相信他也能找到努力学习的动力！

2. 以父母过来人的经验告诉孩子努力学习的重要性

我们可以以自己曾经读书的经历来引发孩子思考这个问题，比如，读书时的辛苦和学成后的喜悦或者因知识存储不够给现在生活带来的不便等，从而让孩子明白学习和读书的重要性。

总之，我们只有让孩子明白读书是为了他自己，只有帮助他摆正这一心态，才能激发他的学习动力！

唤起孩子的学习兴趣

作为父母，我们都知道，任何一个孩子，都要认真学习科学文化知识，知识是衡量一个人素质和修养的重要标准，而具备学习的动力是孩子学好知识的关键，可以说，这种动力很大程度上应理解为学习兴趣。兴趣是勤奋的动力，一个人对某项事物产生了兴趣，便会积极主动地投入，消除怠惰。

有个孩子原来对课本学习不感兴趣，上课随便讲话，做小动作。班主任老师在一次家访中，发现了他爱饲养小动物。于是老师有意让他参加生物兴趣小组，并委托他饲养生物实验室的金鱼。由于他的兴趣得到合理引导，使得他不仅在课外活动中主动积极，而且生物课学习也表现得十分认真。

其实，孩子天生是好学的，他们两、三岁时总对外界事物充满好奇，只是很多父母在教育孩子的过程中出现了一些认识上的误区，他们认为给足孩子物质条件，孩子就能学好，而忽视了培养孩子的学习兴趣。事实上，孩子也正是因为学习兴趣的缺乏而导致了学习怠惰乃至厌学情绪的产生。

俗话说得好："天生我材必有用"，培养孩子学习的兴趣，让兴趣这个老师督促孩子学习，孩子必能发挥其最大的潜能学习，并有所建树。而身为父母，应该顺应孩子成长的规律，不只不应该压抑孩子的好奇心、禁止孩子发问，反而要鼓励他们；因为长大后，他就不一定想知道那么多了。父母也应该多带孩子上街，让他们多接触新事物。

父母都希望自己的孩子能既轻松愉快，又能取得好成绩。学习兴趣是推动孩子学习的一种最实际的动力，它能够促使孩子自觉地去学。一般来说，孩子的学习兴趣与他们的学习成绩、学习信心是相辅相成的。他们对某门功课有兴趣，学习成绩就会好，学习信心就会足。因此，父母对孩子学习兴趣的培养很重要。如何去培养孩子学习的兴趣呢？

1. 尊重孩子的兴趣

很多父母认为，教育孩子，就应该让孩子成为一个全能型人才，于是从孩子一入学开始，就千方百计想孩子学得好，懂得多，所以家长把孩子的双休日、节假日都安排得满满的。事实上，孩子多学点东西是好的，家长这个出发点也是好的。但自己的孩子是否喜欢学呢？所以，作为父母，并不在于强迫孩子学这一样，不学那一样，而是应该多给孩子一些自由宽松的空间，让他们自己去选择感兴趣的、喜欢的事。例如，有些孩子并不喜欢弹钢琴，而喜欢动手操作，搞一些小制作。而家长就认为这不应该是孩子的兴趣所在，加以阻止。其实，这也是学习的过程，这样的学习孩子还会学得自觉、开心，况且在这样的活动中，不仅使孩子的思维能力得到发展，又能提高他们的动手操作能力。

家长不但不应该阻止他们做，还要根据孩子的这个兴趣特点，为他们提供有关的书籍，创造机会让孩子参加一些有益的活动和比赛。许多事实证明了，小时候培养的兴趣往往为一生的事业奠定了基础。有些做父母的对孩子寄托了很大的希望，但他们往往按照自己的主观意志去"规定"孩子的兴趣，而不是尊重孩子自身的学习兴趣的发展规律培养孩子，这样往往会延误孩子的发展，因为同样一套教育方式并不是在每个孩子身上都适用。

2. 把孩子的兴趣和学习联系起来，让孩子产生明确的学习目的

比如，家长可以这样问："你为什么对电脑游戏这么感兴趣呢？"

"因为我想当个游戏的开发人员啊。"

"真没想到你有这样大的抱负，但游戏开发不是一个很简单的行业，一般人是进不了这个行业的。"

"那爸爸，您觉得怎样才能进入这个行业呢？"

"只有进入高等学府去深造，掌握大量的科学知识，在前人技术的基础上有所创造。"

当孩子听完这些后，就会有一种想法：我必须考上大学，然后在这个领域深造，才能进入这一行业。这样，孩子就会真正明白：他应该去好好学习了。

而在这一过程中，整个交谈氛围是很和谐的，也使得亲子之间的感情在一点点升温，孩子对父母既感激又崇拜。

3.了解孩子的学习能力

切记千万不能依照自己的理想模式去强加给孩子，孩子有其本身的特点，而且每个孩子都有自己的特点，目标的制定还要因人而异，即使制定训练目标后也应不断调整，使之始终处于理想的模式。

4.给孩子适当的压力，让压力转化为动力

父母不可能永远庇佑孩子，也不能呵护孩子一辈子，这是一个不可回避而且必须想得清清楚楚的问题。因此，孩子必须要努力学习，这种压力，也能转换为学习动力，但学习动力的形成，最好不是灌输，要形成自觉，要引导孩子，让孩子自己分析得来。要让孩子对自己成长生活的小环境和大环境有正确清晰的认知，有危机感。关于大环境，而今大家的一句口头禅就是"现在是竞争社会"。要让孩子明白，这个激烈竞争的大环境，是应当热烈响应，并积极参与其中的，要让孩子真心向往竞争。

但要注意的是，这危机感又要适度，不能让孩子缺乏安全感，父母要护佑，这护佑当然不是权势和金钱，不是父母的代替，而是父母与他们一起的努力，一起的奔跑前进，是交流和鼓舞带来的信心。

正确的教育造就成功的孩子，父母望子成龙、望女成凤的愿望是可以实现的，而培养孩子的学习兴趣，可以让孩子快速提高成绩，也可以减轻父母的负担和压力，具备实力的孩子定能在未来竞争激烈的大环境下出类拔萃！

让孩子养成紧迫的时间观念

在谈到自己的孩子是否聪明时，我们经常听到家长们这样评价："现在的孩子知识面广，脑子灵，就是有点调皮，总是拖拖拉拉"，而孩子拖拖拉拉，就是时间观念差的表现，他们之所以学习不认真和专注，就是因为他们总认为自己还有大把的时间，长此以往，他们会形成一种拖延、不守时的坏习惯，对于孩子的成长是极为不利的。因此我们若不希望自己的孩子成为小小懒虫、小磨蹭，明智的做法就是培养孩子良好的时间观念。

日本著名小说家村上春树说："世上有可以挽回的和不可挽回的事，而时间经过就是一种不可挽回的事。"对于任何一个孩子来说，时间都是尤为珍贵的。一寸光阴一寸金，寸金难买寸光阴。任何知识的获得，都要花费时间。因此，我们要告诉孩子，要正确地认识时间的作用，不要荒废了大好的青春，要把时间观念，当成追求成功成才路上必须培养的品质之一。

事实上，不重视时间是所有人尤其是孩子在学习乃至生活中的大敌。而养成守时、有序、高效的好习惯，是孩子一生受用不尽的财富。从人生成功的角度讲，统筹规划的意识和能力是一个要做大事的人取得成功所必须具备的一项重要素质，而这种素质只能在从小就习惯制定具体的学习计划并严格执行的实践中才能培养形成。

1. 告诉孩子珍惜学习时间

学习知识的过程是本身就是一个领会——巩固——应用的过程，在这个过程中，听课就是领会的过程，不能领会就谈不上巩固和应用，就必须"重新学习"，白白浪费不应该浪费的时间，而且往往事倍功半。这种学习我们认为是"捡了芝麻丢了西瓜"。这种情况的出现，很多时候是因为孩子还没有认识到课堂时间的宝贵。他们可能会错误地认为课上不上都一样，课后或课下可以自学，认识不到上课时间的相对价值，对于这种观念，我们家长要逐步予以纠正。

另外，还有一些孩子虽然形成了认真听课的习惯，但不重视自习课的时间。自习课看小说、玩耍，这样的习惯干扰了对知识的巩固过程。对知识的巩固必须及时、趁热打铁，否则就会迅速大量地忘掉。还有的孩子珍惜上课、自习课时间，却浪费课余、课外时间，不重视知识的应用。知识的应用有课业练习、社会实践等。由于许多课余时间被浪费掉，课业练习达不到熟练的程度，也没能将所学的知识应用于实际生活中。这样的孩子学习兴趣不浓，上进心不强，学习成绩依旧得不到提高。

2.让孩子学会分出事情的轻重缓急

父母可以帮助孩子把复杂的工作分解一下，再制定一个时间进度。就拿写作业来说，父母可以试着让孩子调整写作业的顺序，一般先做简单的，再做有难度的。因为人的最佳学习状态应该是在学习的十分钟以后，口头作业和书面作业交替做，这样不会太乏味。

父母教会孩子把事情的轻重缓急分出来，让孩子在第一时间把那些必须且紧急的事情做完，再去做别的事情，这样合理利用时间，有利于提高效率。

丁当今年才10岁，却不需要爸妈吩咐任何事情。每个周末，丁当早晨起来第一件事情就是摊开记事本，写下自己一天要做的事情，并且按照轻重缓急从上到下罗列开来。

接着，丁当按照所罗列的任务单，从第一件事情开始做，做完一件事情才会接着做下面的事情。这样，根本不用大人督促，丁当不但能很快地把作业做完，同时还有玩的时间，这令爸妈很高兴。

丁当这个习惯还是从妈妈那儿学来的，妈妈是个业务员，每天要做的事情通常都记下来，然后按照所写去做，通常不会把事情落下，效率也很高。丁当在妈妈潜移默化的影响下，也养成了把一天的事情按重要程度罗列出来这个好习惯，并且受益匪浅。

父母每天让孩子把一天的任务写下来，分出哪些是紧急要做的，哪些是次要的，哪些是必须要做的，哪些是可做可不做的等进行一个先后排列，然后让孩子根据排列的先后顺序去做事，就会提高孩子的时间管理能力。

3. 教会孩子统筹安排

会统筹安排，才会在同样的时间内做出更多的事情，提高时间的利用率。

小兰与小英是二年级的同班同学，又是好朋友。一次轮到两人值日时，小兰与小英比赛谁办事情的效率高。她们每人打扫一半教室，每人擦一半黑板。

比赛开始了，小兰首先去打水，把水洒到自己要扫的一半教室里，然后在等待水干些的同时，去擦属于自己的那一半黑板。而此时的小英，急忙去擦黑板，擦完黑板后急忙去打水。这时的小兰已经把黑板擦完了，而教室的地也刚好能扫了，就动手扫了起来。

小英把水洒在地上，却不能立即扫，她只有眼睁睁看着小兰把地扫完，而自己还没有动笤帚呢。小英此时才理解小兰先洒水的用意，这样可以节省时间啊，她不禁暗暗对小兰表示佩服。

对于一些年纪较小的孩子来说，他们做事情大多都是一件事情完成后再去做另外一件事情，父母要教孩子学会同时做几件事情，根据事件的特点与需要的时间学会统筹安排，这样能够节约时间。

4. 帮孩子养成科学的作息规律

科学的作息规律，不仅有利于休息，还能提高做事的效率。父母根据孩子的特点，帮孩子制定一个适合的科学作息规律，会让孩子睡眠得到了保证的同时，还能避免孩子在课堂上打盹儿，从而提高时间的利用率，加强孩子的时间管理能力。

对于任何一个孩子来说，时间都是尤为珍贵的。任何知识的获得，都要花费时间。因此，我们要告诉孩子，要正确地认识时间的作用，不要荒废了大好的青春，要把时间观念，当成追求成功成才路上必须培养的品质之一。

方法到位，孩子学习才会事半功倍

作为父母，都望子成龙望女成凤，也都希望孩子有个好的学习成绩，然而，在现实的家庭教育中，我们的孩子似乎总是很努力，却成绩总是提升不上去，而其实，只要认真观察你会发现，很多孩子虽然看似在学习，但是因为不得要领，学习效率低。越是效率低下，越会加剧孩子学习上的困难，为此，作为父母，我们都应该根据孩子的个性特征，为他们制定一套适合他们的学习方法，这样，孩子学习起来不累了，效率也就提高了。

李先生的儿子叫李凯，李凯是个听话的孩子，但唯一让李先生烦恼的就是儿子的学习。李凯是班上有名的后进生，学习成绩在班级第10名到第24名之间波动。上初中跌到班级第29名，但实际上，李凯学习很努力，有时候，李先生和妻子看着都很心疼，面临中考，他经常加班加点，做很多练习题，可是成绩就是上不去，李先生担心儿子最后连普通高中都考不上，来学校找老师。

老师说："李凯是个很努力的孩子，可是他似乎在死读书，我平时教的学习方法他都没用。要知道，学习的努力程度与学习成绩并不一定成正比的。"李先生这才知道儿子的症结所在。

回家后，李先生找来儿子，跟儿子好好谈了一番。李凯才知道原来自己一直是学习方法用错了，努力加正确的学习方法才会有好的学习效果。

于是，在接下来的几次月考中，李凯奋起直追，成绩上升很多，分数一次比一次高。

可能父母都为孩子的学习成绩感到烦恼：为什么别的孩子能轻松地学好，而我的儿子很努力却学不好、成绩总是提高不了？其实，这还是因为学习方法上的差异问题，如果你能帮助孩子找到一套提高学习成绩的方法，那么，他自然能学得好。

调查显示，90%的孩子没有自己的学习方法，教育纯粹采用传统的填鸭式教育。这样导致很多孩子虽然很努力，可是成绩却依然提高不上去，最后导致孩子上课分神、厌学、贪玩。而家长就开始为孩子不爱学习、厌学而苦恼。

那么，作为父母，我们该如何帮助孩子改进学习方法，进而让孩子爱上学习呢？怎样帮助孩子找到属于他自己的个性学习方法呢？

1. 重视孩子的个体差异，充分考虑孩子的优势

适合孩子的学习方法是一定要建立在孩子的学习兴趣上的。生活中，当孩子没有达到家长预期的目标时，家长就觉得孩子出了太多的问题，父母愤怒了，或是责骂孩子，或是语重心长"控诉"我们的孩子。孩子沉默了，孩子愧疚了，孩子自卑了……很多时候孩子就是在这样看不见的教育暴力中失去了成长的快乐和发展的潜能。而即使父母为孩子打造出的学习方法再完美，也不一定适合你的孩子，因为他对此方法根本不感兴趣。

家长都应重视孩子的个体差异，充分考虑孩子的优势，注重学生兴趣和个性的培养，帮助孩子孩找到属于自己的"钥匙"。

2. 根据孩子的生活习惯和时间安排孩子的学习，让孩子高效地学习

每个人的机体存在差异，这是毋庸置疑的，孩子在生活习惯上有所不同，比如，有些孩子喜欢在晚饭前学习，而有些孩子在睡前的某段时间能发挥记忆的最好效果，对此，父母都要留意，只有这样帮助孩子学习，他

才能以最快的时间进入学习状态，提高学习效率。

3. 掌握小窍门，让孩子尽快进入学习状态

如何让孩子尽快进入学习状态，是广大家长最为关心的方面。拥有九年个性化教育研究经验的教学专家认为：家长个性化的监督和引导是孩子安心学习的关键。在此，他教了家长们帮助孩子收心的几个小窍门：家长不要给孩子过多压力，要鼓励孩子适当地多看书，或者陪孩子适当做一些体育锻炼，让孩子心态平和下来。另外，家长可以帮助孩子制订一个切合实际的学习计划，每天定期了解孩子的学习表现，多给孩子鼓励和建议，使孩子保持积极的心态。

4. 帮助孩子掌握几点指定学习方法的原则

（1）注重基础，一步一个脚印——学习不是能一蹴而就的，基础牢靠，才能讲求技巧，任何投机取巧、好高骛远的学习态度都是不正确的，只有一步一个脚印，打好基础，学好每个知识点，才会有成效。

（2）多思考，帮助记忆——很多孩子不知道自己为什么总是记不住某个公式或者某个英语句式，这是因为他们没有真正理解，记忆与理解是密切联系、相辅相成的。只有理解透彻，才能记得住；也只有多读、多记，才能帮助理解，这也就是理解记忆。"熟读"，要做到"三到"：心到、眼到、口到。"精思"，要善于提出问题和解决问题，用"自我诘难法"和"众说诘难法"去质疑问难。

（3）充分发挥学习的主动性和积极性——学习是主动的，任何强制性的学习都不会有高效的成果。

（4）将书本知识消化成实践活动——就是要根据认识与实践的辩证关系，把学习和实践结合起来，切忌学而不用。

当然，学习方法因人而异，我们帮助孩子寻找学习方法，要注重从旁协助，而不是灌输。

总之，帮助孩子找学习方法，需要依据孩子个人的习惯、兴趣、时间安排、生理状态等。所以，你要想成为孩子的家庭教师，就要全面了解你的孩子，然后作出具体的计划安排。学习方法只有适合孩子自己的才是最好的。有针对性地制定出一套独特的、行之有效的教学方案和心理辅导策略，不仅使孩子掌握一种切合自身的学习方法，学习成绩提高，更重要的是让孩子的心理和心态更健康！

数学使人缜密，学好数学让孩子更聪明

在教育界，流传这样一句话，"数学使人缜密"，任何一个聪明的孩子，都有着出色的数学算数能力和逻辑推理能力，反过来，孩子学好数学，也可以使他们的细心，在观察事物时细心能很快看到事物的本质，进而提升孩子的智力水平。

另外，作为父母，我们都知道，中考中，数学占据很大的比重。因此，一定要把数学学好，而在平时的学习生活中，我们经常听到有些孩子抱怨数学学不好："数学难学死了，听老师讲课就像听天书一样。"事实上，中小学的数学，也不是那么难的，这些学生之所以学不好数学，有个很重要的原因就是他们没有找到方法。

那么，我们改如何帮助孩子学好数学呢？

1. 为孩子拟订一些切实可行的数学学习计划

这份计划的内容可包括：复习当天的数学学习内容，完成老师布置的数学作业和预习明天的数学学习内容，除此之外，家长可以根据孩子的兴趣，和孩子一起探讨一些数学问题，学习数学就要有耐心，要有探索的精神，像探险家的那种勇敢探索的精神。

2. 让孩子养成按照计划进行数学学习的习惯

有了学习计划之后，家长要设法训练孩子严格按照计划进行学习，让孩子在做完一件事后再做另外的事情。千万不能让学习计划形同虚设。孩子能够严格地按照学习计划进行学习，那么他们的注意力就会集中到当时要做的事情上去。

（1）注重课本。彻底掌握相关的概念、定理以及公式，如果把解题看作是盖房子的话，这些基本的概念和公式就是砖头，没有砖头是无法盖房子的。

（2）注重基础。做题时要多做基础题，不要只钻研难题和偏题。因为高考试题中一大部分的题目都是基础题，所谓的"难题"其实也是由基础题通过一定的方式组合起来的，如果基础题没有掌握好，根本就不可能解决难题。

（3）注重归纳总结，建立数学的知识体系。题目不是做得越多越好，要讲究效率，要做一道题目会一类题目，这就需要孩子善于归纳总结，归纳总结是学好数学的核心所在，是把所谓的"数学考思维"变成"数学考记忆"的关键一步。如果把数学中所有的知识点及其应用、所有的题型以及解题思路都归纳总结好了，剩下的就是通过做题来反复地记忆，这时考数学就变成考历史、政治一样了，没有那么可怕。

（4）建立错题本。这是根据孩子的实际情况对症下药的最好的办法，由于时间紧张，好钢要用在刀刃上。另外要注意建立错题本不是最终目的，最终目的是通过对错题本的改正使他们在临考前没有错题可以遗漏。

（5）注意答题的训练。考试是有时间限制的，因此一定要进行训练。在临考前，要多做几套模拟题，目的除了进一步查漏补缺以外，主要是训练答题速度，以及训练答题的书写。

的确，在考场上，由于时间有限，如果遇到自己平时没有总结过的题型，或者总结过但记忆不牢靠、运用不熟练的题型，一般是不可能现场想出来的，这就是对你来说所谓的"难题"。而自己总结归纳过并且记忆牢靠的题型对他们来说就是"简单题"。因此要想学好数学，首先并且最重要的就是要注重归纳总结。

3. 让孩子养成检查数学作业的习惯

孩子完成作业以后，家长应该让他们自己进行复查。家长代他们进行复查的做法对孩子的发展并不利。孩子自己复查发现错误，就会真正体验出出错的原因。而家长代为复查，孩子虽然也能知道出错的地方和出错的原因，但容易产生复查的依赖性，自己缺乏主动反省的意识。这在考试过程中就要"吃亏"。

4. 改变孩子总是"犯低级错误"的习惯

小牛的妈妈是初一的数学老师，小学毕业那年暑假没有布置作业，小牛的妈妈就想在这段时间提前让儿子学点数学知识，下面是小牛妈妈为儿子记的学习日志：

"放假了，我并没有给小牛报学习班，他的主要学习任务是在家里。记得一开始做数学的时候，他最大的缺点就是不细心，自以为很聪明，所以做题随心所欲。特别是在草稿纸上做的题更是乱七八糟，我看了以后很不满意，对他进行了严厉的批评。我严肃地告诉他：'态度决定一切，态度认真，做题细心是学好数学的关键，书写也特别重要，特别是从草稿本上也能看出自己学习的态度怎样，一看你的草稿本就知道你的学习态度不端正，自以为是，希望你好好想一想。'当时他听了以后，低下了头，但是我从他的表情可以看出，他还是没有完全理解我说的这段话。实践是检验真理的唯一标准。后来，我就让他做题，从他的书写可以看出，他做题的态度有所转变，但是错题多。于是我们一起分析原因：是不是不会做？是不是没有细心去做？他承认会做，但就是没有细心。其实，数学掌握了

方法之后，关键就是看自己做题的时候是不是很细心，如果不会做这不怕，但是如果不细心做错题那是真可惜。上了初一做的题，一道题的步骤很多，如果不细心就会前功尽弃。原因找到之后，君君的确认识到了细心是做对数学题的关键，因此后来态度端正了，做题细心了，因此准确率也就高了，他看着一个个鲜红的大对钩，脸上露出了笑容。"后来，在整个初一年级，小牛的数学成绩一直很不错。

很多孩子之所以学不好数学，有个很重要的原因就是他们不细心，细心是做好一件事的重要保证，对数学学习有特别意义，孩子在解数学题时粗心的话，那么就有可能无法准确地找出"病因"，很难理清题中的细节，所以对待数学一定要细心。拿数学考试来说，有些孩子每次考试总免不了犯"低级错误"，丢三落四，离开考场就后悔。每次都以"粗心"为托词，总是改不了。其实，这些同学只要注意这些问题，在考试中才能发挥实际水平。

总的来说，对于学龄期的孩子来说，学好数学对于他们来说尤为重要，但数学学习也不是"难啃的骨头"，数学成绩也不是不能提高，只要我们的孩子能注重学科特点，掌握方法和规律，就能逐步提高！

第 10 章

健脑益智，好头脑需要从好习惯开始

　　作为父母，我们都希望孩子有个聪明的头脑，其实，要提升孩子的智力水平，除了上面我们提到的训练方法外，还需要保护孩子的大脑，这也是让孩子有个好头脑的前提，为此，我们应该从日常生活中开始注意起来，帮助孩子杜绝不良生活习惯，健脑护脑，这样孩子才能学得好、学得快，才有好成绩。

保证孩子有充足的睡眠时间

俗话说"身体是革命的本钱",作为父母,我们都希望孩子学习努力,但我们不能给孩子太大的学习压力,只有让孩子劳逸结合,才是高效学习的前提。而这就需要我们让孩子有个好的作息习惯,进而让孩子有充足的睡眠时间。

最近,马上要期末考试了,洋洋总觉得自己时间不够,生怕自己考不好,于是挑灯夜战,想抓紧最后一段时间多复习点,可由于休息不够,导致精神萎靡,心神不定,上课也提不起精神,为此,洋洋妈妈很担心。

生活中,不少孩子和洋洋一样,认为只有抓紧时间学习,不放过每一分每一秒,尽可能地多学习东西,才能学习好,其实这是一种误解。因为休息不好,会对眼睛、大脑不好,因为睡觉就是要自己的大脑休息的,如果休息不好,孩子在学习时就很会觉得全身无力。提不起精神,更别说高效学习了。

对于学生来说,尤其是即将面临升学考试的学生,可能都有这样的困扰,晚上也经常熬夜甚至无法进入梦乡。对此,教育专家建议我们,疲劳战术不可取,找到自己的睡眠周期,合理安排自己的休息、学习时间至关重要。

可以说,当人们累了的时候,睡觉是最好的休息方式,能使大脑受益。

学习效率的提高最需要的是清醒敏捷的头脑,所以适当的休息、娱乐不仅仅是有好处的,更是必要的,是提高学习效率的基础。

当今社会已经不是一个"头悬梁锥刺股"即能成功的社会,学习上也是，时间加汗水，加班加点，牺牲休息时间，完全不顾自己的身体的做法不仅有损身体健康，又会没有效率，往往事与愿违。

对此，作为父母，我们应该结合孩子的生理承受力，为孩子科学地安排作息时间。即使孩子学习紧张，紧张中有也要有松弛，劳逸结合，这才符合人的心理生理规律。我们应该让孩子在学习之余，打打球、唱唱歌、去郊游等，紧张的心情得以放松，压力自然也就得到缓解。同时，广泛地培养兴趣，让孩子做一些舒心的事，也都有利于减轻压力，进而让孩子有更充沛的精力专注于学习。

那么，我们如何保证孩子有充足的睡眠时间呢？

1. 每天保证充足的睡眠

我们要规定孩子，晚上不要熬夜，定时就寝。中午坚持午睡，充足的睡眠、饱满的精神是提高效率的基本要求。

那么，多久的睡眠才是充足的呢？人为什么要睡觉？睡觉是人体休息的一种方式，也是一种生理反应。几乎每个人，在忙碌了一天后，都希望能美美地睡上一觉。白天，我们的大脑是兴奋的，但忙碌太久后，大脑皮质内神经细胞就会产生抑制的作用，如果这种作用占优势的话，也就想睡觉了。这一抑制作用是有效的，是为了保护神经细胞和大脑，进而让我们第二天有精力继续工作。

要保证孩子有高质量的睡眠，我们还要引导孩子做到：

（1）平常而自然的心态。出现失眠不必过分担心，越是紧张，越是强行入睡，结果适得其反。有些人对连续多天出现失眠更是紧张不安，认为这样下去大脑得不到休息，不是短寿，也会生病。这类担心所致的过分焦虑，对睡眠本身及其健康的危害更大。

（2）寻求并消除失眠的原因。造成失眠的因素颇多，前已提及，只要稍加注意，不难发现。原因消除，失眠自愈，对因疾病引起的失眠症状，要及时求医。不能认为失眠不过是小问题，算不了病而延误治疗。

（3）身心松弛，有益睡眠。睡前到户外散步一会儿，放松一下精神，上床前或沐浴，或热水泡脚，对顺利入眠有百利而无一害。诱导人体进入睡眠状态，有许多具体方法，如调暗灯光、深呼吸等。

（4）坚持体育锻炼。适度的体育锻炼会让睡眠更深，同时它也能在清醒时提供给人更多的动力。关键是，量力而为，这样的话所需的睡眠时间还是会和平时一样的。当然，如果运动过度，就有可能需要较平时更多的睡眠周期来恢复体力了。

2. 家长也尽量做到早睡早起

有必要的话，父母可以和孩子一起养成早睡早起的习惯，最好全家人都动员起来，以营造良好的环境、氛围来协助孩子调整好生物钟，只要生活有规律了，无论什么季节，孩子都能拥有健康、元气饱满的每一天！

3. 用饮食来协助调整

饮食也会影响睡眠，如果晚餐吃得过饱或摄取热量过高的食物，孩子可能会出现肠胃不适，或者精力过于充沛，都会导致睡眠质量不好，如此的恶性循环，不只对于孩子的健康十分不利，对成人也一样，因此，我们和孩子都要注重早餐吃饱、午餐吃好、晚餐吃少的原则。

4. 告诉孩子要睡好午觉

我们不要忽视午觉的作用。在午餐和晚餐中间，一般人都会觉得头昏脑胀，思路缓慢，好像也不太能集中精神，这是人正常的生理反应。愈来愈多的证据显示，在经过半天的活动之后，有一股力量会驱使我们休息一下，同样，对于学习阶段的孩子来说，更应重视午觉的作用，过度的用脑会对大脑发育有不利影响，也不利于下午的学习。

5. 给孩子制定生活作息规矩

给孩子制定一个生活作息制度，每天什么时间干什么，给孩子讲清楚，没有特殊情况不要变动。

　　睡眠在相当大的程度上是一种习惯，因而保持良好的睡眠习惯，遵循睡眠的自然规律，是预防睡眠障碍的最好办法。此外，还须了解失眠的可能原因，消除影响睡眠的因素，自我调节和改善不良的情绪。并且，要持之以恒。每天都坚持让孩子早睡早起。不能一到周末就玩至深夜，周日早上全家人都赖在床上不起来，这样很难使孩子养成良好的睡眠习惯。相信时间长了，孩子会养成遵守作息制度的好习惯的，当然，养成好习惯不是一天两天的事情，需要我们用耐心引导，一定不能操之过急。

均衡营养，保证孩子的大脑有足够的营养

　　生活中，我们每个人都需要吃饭，以维持正常的生理需要，这就是人们常说的"人是铁饭是钢""民以食为天"，我们的孩子也是，孩子的身体正在不断成长，因此需要保证充足的营养。同时，充足的营养能保证孩子脑部发育，这是孩子有良好注意力的前提，我们所说的"吃得好"，并不是大鱼大肉，而是充足且均衡的营养，如果不加节制地饮食，就有可能危及到孩子的身心健康。

　　那么，我们该如何保证孩子在饮食上做到营养均衡呢？

　　1. 一定要吃主食

　　葡萄糖是大脑活动的唯一能量来源，体内的糖不足，就会出现脑袋发蒙等影响学习的状况。而糖主要来自碳水化合物也就是粮食。吃粮食要注意粗细搭配，应适当吃些玉米、小米、全麦，但是不可用甜点代替主食，不可增加糕点、甜食、糖等代替主食提高热量，过多的糖会使人烦躁不安，情绪激动。

2. 早餐要吃饱

很多学生都有不吃早餐的习惯，一些学生早上起床晚，无暇顾及早饭，还有一些学生为了减肥，认为不吃早饭能减少热量摄入，进而减轻体重。其实他们不知道的是，早餐是我们一天当中最重要的一顿饭，早餐吃不好，不仅影响身体健康，更会导致我们的记忆力下降。

这是因为经过了一夜的时间，人体的葡萄糖已经消耗殆尽，不吃早餐，身体就会缺少能量，大脑就会自动启动休眠状态，进而引发大脑思维活动缓慢、反应能力迟缓、记忆力低下。严重时还会感到头昏脑胀，心慌心悸、反应迟钝乃至发生低血糖从而休克。

据统计，在不吃早餐的人群中，青少年占了很大的比例。专家指出，青少年不吃早餐，会影响正常的生长发育和智力发育。曾有针对9岁至11岁的儿童健康测试，测试表明，那些每天吃早餐的儿童，他们反应能力较好，数学成绩也好于没吃早餐的儿童。不吃早餐还会影响记忆力。在数学学习上，这些吃早餐的孩子，他们应答错误率较低，他们的数学测试成绩也好于没有吃早餐的儿童。瑞典一专家在瑞典小学生中进行的研究表明，早餐能量摄入充足的学生其身体耐力、创造力、数字核对等的表现均优于能量摄入不足的学生，这说明不吃早餐可能影响儿童的认知能力和学习成绩。

专家们发现，在智力水平相差无几的情况下，吃早餐的学生成绩明显高于不吃或少吃早餐者。这是因为不吃早餐的话，大脑就会因营养和能量不足，不能正常发育和运作，久而久之就会妨害记忆力和智力的发展。

早餐不仅要吃饱而且要保证吃好。应多吃一些补脑的食物，如鱼类、豆制品、瘦肉、鸡蛋、牛奶以及新鲜蔬菜、瓜果等，少吃肥肉、油炸食品等。早餐应该有粮食，干稀搭配、主副食兼顾，比如粥和鸡蛋。

3. 少荤多素

一般情况下，过于油腻的东西会加重身体的负担，长期大鱼大肉甚至会影响健康，而新鲜的蔬菜清淡爽口，少荤多素，合理搭配，吃起来心情也会轻松。

4. 讲究"色、香、味"俱全

健康的饮食要讲究"色、香、味"俱全，这样吃起来才会感觉到是一种享受。

5. 常换口味

人对于经常看到的东西都有个视觉疲劳。同样，同一个菜连续吃两次以上，就会产生味觉疲劳，而本能的产生抗拒。因而，我们为孩子做饭菜时就要变换种类，以保证味觉的新鲜。这样，也能让孩子有个好心情。

6. 多食用新鲜蔬菜水果

蔬菜水果中含有丰富的维生素C和膳食纤维，维生素C既可促进铁在体内的吸收，更重要的一点，它还可增加脑组织对氧的利用。另外，这类食物还可帮助消化，增加食欲，尤其在炎热的夏天，本来食欲就低，加之孩子学习紧张，就更不想吃东西了。吃一点新鲜水果可以开胃。

7. 可食用一些舒缓神经的食物

我们应要注意为孩子选择含钙高的牛奶、酸奶、虾皮、蛋黄等食物，有安定情绪的效果，这样能帮助孩子提升注意力，香蕉含有一种物质能帮助人脑产生5-羟色胺，促使人的心情变得安宁、快乐、愉快、舒畅。富含维生素C的食品，可以起到平衡心理压力的效果，柑橘和番茄是维生素C的最佳来源。

在掌握以上几点饮食原则的情况下，我们便可以为孩子准备营养又均衡的食物了。

健康饮食，别让这些食物伤害孩子的大脑

生活中，闲暇之余，当我们孩子想吃什么时，可能不少孩子会说："我想吃炸鸡、薯条。"而为了让孩子能好好学习，父母对于孩子的这一饮食要求多半也会应允，但我们不知道的是，这类食物无论是对于孩子的身体健康，还是大脑健康，都存在一些隐患。我们发现，那些经常吃油炸食品的孩子，不但身体肥胖，思维上也略显迟滞，其中就有注意力不集中的问题。因此，健康专家呼吁，家长一定让孩子少吃炸鸡类食物。

诚然，成长中的孩子对于能量的需求比成人大，所以我们强调要增加营养，但无节制地饮食会对孩子的身心产生巨大的危害：摄入食物太多，会导致肥胖、高血压、高血脂等一系列身体问题的出现，并且，一些食物摄入过多更会影响孩子的大脑，进而影响到孩子的注意力，那么，这些食物有哪些呢？

1. 油炸等含反式脂肪酸的食物

反式脂肪酸又称反式脂肪或逆态脂肪酸，是一种不饱和人造植物油脂，生活中常见的人造奶油、人造黄油都属于反式脂肪酸。制造反式脂肪酸的"氢化处理"过程可以防止分子被氧化，使液体油脂变成适合特殊用途的半固体油脂并延长保质期。据健康专家介绍，在人们经常吃的饼干、薄脆饼、油酥饼、巧克力、色拉酱、炸薯条、炸面包圈、奶油蛋糕、大薄煎饼、马铃薯片、油炸干吃面等食物中，均含有不等量的反式脂肪酸。

反式脂肪酸在自然食物中的含量几乎为零，很难被人体接受、消化，容易导致生理功能出现多重障碍，是一种完全由人类制造出来的食品添加剂，实际上，它也是人类健康的"杀手"。研究认为，青壮年时期饮食习惯不好的人，老年时患阿尔兹海默症（老年痴呆症）的比例更大。反式脂肪酸对可以促进人类记忆力的一种胆固醇具有抵制作用。

2. 高糖食物

糖类食物是很多孩子的最爱，有些孩子甚至把甜品当主食吃，而不吃饭。但是当孩子不吃饭时体内的营养就会跟不上，甜品虽好吃但是营养价值真的非常低，影响孩子的大脑发育是显而易见的，所以孩子再喜欢吃也要忍住少给孩子吃甜品。

3. 含咖啡因的食物

一些小孩子喜欢吃巧克力、咖啡这类食物，这类食物中都含有一种咖啡因的物质，这种物质对大脑有刺激作用，会减少身体向大脑运送的血液，这就会阻碍孩子大脑的发育，从而导致孩子的记忆力低下。所以千万不要让孩子多吃含有咖啡因的食物。

4. 味精

专家建议，一个50公斤重的成年人每日摄入味精量不应超过6克，摄入过多会使血液中谷氨酸的含量升高，限制人体利用钙和镁，会引起短期的头痛、心慌、恶心等症状，对人体的生殖系统也有不良影响。

5. 加糖鲜榨橙汁

加了糖的橙汁比汽水的热量还要高，糖分也比汽水多，因此，孩子最好吃原水果，比饮料更健康，也更能保护自己的大脑。

6. 松花蛋、爆米花等含铅食物

松花蛋含有一定量的铅，常食会引起人体铅中毒。铅中毒时的表现为失眠、贫血、好动、智力减退等。含铅食物铅能取代其他矿物质，例如铁、钙、锌在神经系统中的活动地位，因此，是脑细胞的一大杀手。

含铅食物主要是爆米花、松花蛋等。需要注意的是，无铅松花蛋的铅含量并非为零，只是低于相应的国家标准，同样不宜大量食用。当然，有伤害大脑的食物，就有保护大脑的食物，那么，保护大脑的食物有哪些？下面就来介绍一些。

1. 南瓜

中医认为，南瓜性味甘平，有清心健脑的功效。因此，神经衰弱患者经常食用一些南瓜可以缓解头晕、心烦、记忆力减退等症状。

2. 海带

研究表明，海带中含有丰富的亚油酸、卵磷脂以及碘类物质等大脑必需的营养成分，拥有很强的健脑功能，增强记忆力。

3. 葵花子

葵花子中含有丰富的维生素E和维生素B群，不仅能够提高机体免疫力、防止细胞衰老，还能够调节脑细胞代谢和改善其抑制机能，从而起到镇定情绪、缓解失眠、增强记忆力的作用。

4. 核桃仁

核桃仁是最常见的一种补脑健脑食品，因其内含丰富的不饱和脂肪酸、蛋白质以及维生素等成分，可补脑健脑，促进脑细胞活性，提高思维能力。因此每天适当吃一些核桃仁，可消除大脑疲劳，使大脑功能恢复正常，从而增强记忆力。

5. 胡萝卜

胡萝卜中所含的蛋白质、氨基酸和比较丰富的胡萝卜素，能够加快大脑的新陈代谢，预防和消除大脑疲劳，增强记忆力。

6. 大豆和沙丁鱼

大豆中所含的谷酰胺和卵磷脂及沙丁鱼中所含的牛黄苏都是大脑必需的重要营养物质，因此，将这两种食物搭配食用具有很好的增强记忆力、延缓脑细胞衰老的作用。

总之，在孩子成长的过程中，孩子的大脑发育一直是家长最关心的事情，每个父母都希望自己家的孩子能聪明，饮食一直是我们关心的问题，在孩子成长的阶段，合理的饮食不但有利于生长发育，还有助于大脑发育，因此，家长要注意合理膳食，尽量避免摄入伤害孩子身体和大脑的一些食物。

让孩子远离这些坏习惯，保护好大脑

我们都知道，随着年龄的增长，出现注意力不集中、记忆力下降的现象是很自然的。常听到老年人感叹："年纪大了，脑子不中用了"。然而，我们发现，现在越来越多的年轻人，甚至很多学生也感到脑子不够用，常常注意力涣散、做事情丢三落四。事实上，出现这样的情况，和一些生活中不知不觉养成的有损大脑的不良习惯有着密切的关系。

那么，这些不良习惯有哪些呢？接下来我们一一列举：

1. 长期饮食不当

在日常生活中，由于地域文化等的不同，使得我们每个人的饮食习惯等都变得不同。有些人会比较偏爱甜食，如奶油蛋糕等，有些人会比较偏爱咸食，如腌菜等，有些人会比较偏爱油炸类食品，如炸鸡腿等。虽说每类食物都对身体有一定的好处，但若过度食用的话是很容易因为营养不良而伤害大脑。因此，建议我们父母要保证在生活中给孩子充足和均衡的营养，应让孩子多吃些可以帮助提高记忆力的食物，如鸡蛋，菠菜等。

2. 睡眠不足

随着人们生活节奏普遍加快，睡眠不足已成为当今都市人的普遍现象，专家提醒睡眠不足对人的智力和记忆力影响很大。

曾经有科研人员对24名大学生做了研究，研究中，他们被分成2组，他们的测验成绩一样，随后，这两组学生，其中一组彻夜不眠再进行测验，另外一组进行了正常的睡眠和休息，研究表明，一夜未眠的学生的测验成

绩大大低于正常睡眠的学生的成绩。

大量研究证实，睡眠不足的人认知能力、语言能力、创造能力和制订计划的能力都会降低，这是因为，人在睡眠不足的情况下，大脑前额叶皮层活动会降低。另外，长期睡眠不足或质量太差，还会加速脑细胞的衰退，导致记忆力下降，长期以往聪明的人也会糊涂起来。

睡眠过多同样引起记忆损伤。赵忠新介绍，每天睡眠超过9个小时的人容易出现记忆衰退的现象。日渐思睡导致注意力不集中、记忆力下降，这还是引起各种事故的重要因素。

3. 抽烟喝酒

长期抽烟喝酒的人，会导致大脑供血不足，血流不畅部位的脑细胞就有可能逐渐因缺血而萎缩，甚至有严重者可能导致记忆力衰退乃至引发痴呆。

酗酒——国外的一家科研机构经过研究发现，长期饮酒过量，可导致大脑萎缩，中年时酗酒者出现记忆衰退的时间比喝酒较少者提前了6年。因此，必须控制饮酒量，小酌怡情，豪饮伤身。

吸烟——2012年英国伦敦国王学院通过记忆测试发现，吸烟的人记性更差，原因在于，吸烟时不仅吸入有害气体，还会减少氧气的吸入，大脑长期缺氧，久而久之损伤记忆。

4. 长期使用电子产品

随着信息技术的发展，人们的电子产品越来越多，除了家用的电视电脑外，人们还有手机、平板，几乎每个成年人都人手一部手机，并且经常是机不离手，而且现在的孩子在很小的时候，也已经开始用手机了。

其实，过分依赖电子产品会促使大脑在其功能上更习惯于依赖电子产品的搜索，而不再使用大脑的思考和记忆功能，因此负责记忆的大脑区域就会变得越来越懒，逐渐衰退；记忆力得不到充分的锻炼和激活，长期处于懈怠状态，就会出现精神难集中、记忆力下降和丢三落四等情况。

5. 缺少运动

长期不进行身体锻炼的人，他们的大脑中负责人体执行功能和存储记忆力的脑纹体和海马体等会造成不良影响。相反，经常进行身体锻炼，能将更多新鲜的氧气带入大脑，唤醒我们的大脑，同时运动可以刺激脑源性神经营养因子，促进大脑神经元的生长或再生，据报道经常锻炼能让成年人的海马体容量增加2%。体育锻炼还能平衡人大脑中的化学物质，进而促进神经细胞之间的连接，以此提升脑力。

适当的运动不仅有利于人体周身的血液循环，而且也能更好地为脑部供氧和增加营养，保持脑部的活跃，孩子的大脑活力自然有所提升自然也就更好了。

小风是个学习成绩很好的男孩，也很听话，不像其他男孩那样难管教。他唯一让爸妈操心的是他的身体，他从小体弱多病，动不动就感冒，每个月他都要请几天病假，这不，爸爸妈妈又带他来医院了。

"医生，您说我的儿子怎么回事，体质太差了。"妈妈顺便问医生。

"他平时吃的怎么样？"

"还行，不挑食，但吃不了多少。"

"那体育锻炼呢，多久锻炼一次？"医生追问。

"他几乎不锻炼，平时放学回家也就直接钻到房间做作业，看看书。"

"那怪不得了，青春期的孩子不运动，身体怎么能好得了。"

"原来是这样啊……"

的确，生命在于运动，适量的运动和合理营养结合可促进孩子生长发育、改善心肺功能、提高耐久力、减少身体脂肪和改进心理状态等。这种经济、实用、有效、非药物又无副作用的措施，对于提高孩子健康水平起着重要的作用。

6. 不愿与人交流，大脑变得迟钝

人需要交流和沟通，快乐积极的情绪对增强人的脑部活力都有着重要的作用。和人交谈时必需的反应和有逻辑条理的对答话语，有维持、锻炼和促进大脑的功能。因此，作为父母，我们要鼓励孩子在学习之余多与人交流，这样不但能缓解紧张的学习气氛，也能让孩子的大脑重新充满活力。

另外，培养孩子的兴趣爱好也至关重要，思考是锻炼大脑的最佳方法。不愿动脑的结果只能是加快脑力的退化，聪明的孩子也会变得迟钝。

7. 过度用脑

在日常生活中，有些人会迫于生计而整日忙于工作，有些人会为了实现人生目标而整日忙于学习，而中小学生因为课业压力而经常过度用脑，长期下去不仅对身体健康有影响，更会因为过度的疲劳而导致记忆力下降。因此，作为父母，要帮助孩子适度减压，让他们以平和的心态来面对学习与生活，要懂得过犹不及的道理。

总的来说，在日常生活中，作为父母，我们要尽力让孩子避免以上不良习惯，这是保护大脑的前提工作，不可小觑。

生命在于运动，运动让孩子的大脑更有活力

我们都知道，生命在于运动，爱运动的孩子才阳光健康。然而，现实生活中，不少家长认为孩子只要认真学习就好，而忽视了孩子身体的锻炼，这导致了不少孩子抵抗力差、免疫力不足等，而实际上，体育锻炼不仅能帮助孩子调节身体机能，对于孩子的大脑活力、智力提升，都起着积极作用。

事实证明，爱运动的孩子更聪明，他们思维能力强、观察敏锐、反应快，因为经常进行体育锻炼，大脑皮质神经细胞的兴奋性、灵活性和耐久力都会得到提高。这样，不但反应快了，学习专注力、智力都会提升，从人体活动上看，表现出机灵、敏捷，它自然反映着大脑本体的敏锐、灵活，使学习和工作都处于最佳状态，并能坚持较长时间。经常进行体育锻炼的人，能接受自然环境中温差的交替与刺激，也能提高对环境变化的适应能力和对疾病的抵抗能力。

因此，作为父母，只要有条件，都要引导孩子积极进行体育运动，并形成规矩，久而久之，当孩子养成了运动的习惯后，不但能消除疲劳，还能减少或避免各种疾病。

那么，具体来说，我们该如何引导呢？

1.家长也动起来，多和孩子一起运动

孩子通过运动增强身体素质和智力能力的开发，不仅需要父母有运动的意识，还需要父母切切实实做到言传身教，因为身教更能使孩子积极地参与。因此和孩子一起运动，引导孩子运动，是父母培养孩子拥有好习惯的必要内容。

2.不断学习，了解各种运动的好处

在平时的生活中，可以多给孩子介绍一些运动的好处，培养孩子运动的兴趣。

体育运动项目丰富多彩，各种活动对孩子的影响也不尽相同，因此作为父母，首先要了解各种运动的意义，针对不同情况加以引导，例如可以告诉孩子足球这项运动讲究的是团体合作，如果孩子缺乏这种意识，可以引导孩子尽量朝这方面发展，这样不仅锻炼了身体，也完善了孩子的性情。通过细致地了解各种运动的益处，有选择、有目的地引导孩子朝这方面发展，会收到意想不到的好效果。

3.帮助孩子选择合适的运动方式

运动分成有氧运动和无氧运动两种，无氧运动一般都是时间短、强度高的，对身体的意义不大，而且对于孩子来说，他们可能会伤到自己，因此我们建议最好还是选择有氧运动，不但有锻炼身体的效果，而且还能调节情绪问题，有效的应对情绪中暑。

常见的有氧运动项目有：散步、快走、慢跑、骑车、滑冰、游泳、骑自行车、打太极拳、跳健身舞、跳绳、做韵律操等。有氧运动特点是强度低、有节奏、不中断和持续时间长。同举重、跳高、跳远、铅球等这些具有力量爆发性的非有氧运动相比，有氧运动是一种恒常运动，是持续5分钟以上还有余力的运动。

当然，无论做什么运动，我们都要让孩子多坚持，而不能三分钟热度。长时间坚持下来，你会发现，你的孩子不仅拥有了一个健康的体魄，还能经常释放心理压力，重新获得学习的能量。

4.充分利用社区的体育器械

一般来说，每个小区都配备了一套基本的锻炼身体的体育器材，父母每天上班前或下班后来这里锻炼锻炼，孩子可能会"跟风"，不由自主地就和父母一起来锻炼了。不仅如此，一般小区的孩子都愿意在这里玩耍，孩子们可以一边玩一边锻炼身体，既锻炼了身体，又沟通了孩子之间的感情，何乐而不为呢？

5.利用周末时间进行运动休闲

双休日时，父母不要把大把的时间放在睡懒觉、逛街、看电视上，应该有计划地和孩子进行爬山、郊游等活动，让孩子选择喜欢的地点一起去游玩，这样不仅可以调动孩子游玩的积极性，还锻炼了身体。在亲近大自然的过程中，孩子的性情会得到很好的陶冶、熏陶。爬山需要付出体力，既增强体质，又磨炼意志，这对孩子良好素质的浸染作用不可低估。

6.孩子感兴趣的体育项目，鼓励其努力发展形成特长爱好

孩子们通过电视、网络等媒介，可能对某些体育项目非常感兴趣，一般来说，男孩受武打片的影响可能喜欢武术、跆拳道；受体育比赛的影响，喜欢游泳、射击等活动。

女孩可能喜欢婀娜多姿的芭蕾舞，喜欢优雅的瑜伽等。这时，父母应该积极鼓励孩子发展这些爱好，给孩子报培训班学习，让孩子在兴趣中达到强身增智的效果。

当然，我们提倡孩子养成运动的习惯，但运动不能超越身体极限，在我们的孩子进行剧烈运动之前，要了解孩子的体能，以方便孩子在做运动的时候把握住度，不能超越身体的极限，以免发生危险。

参考文献

[1]欧阳睿智. 培养高智商孩子聪明父母有妙招[M]. 北京：中国长安出版社，
   2008.

[2]刘夏米. 6~12岁儿童好头脑养成书[M]. 苏州：古吴轩出版社，2017.

[3]大J. 跟早教专家学儿童潜能开发[M]. 北京：中国妇女出版社，2018.

[4]爱贝睿家长教练团. 儿童大脑开窍指南[M]. 北京：电子工业出版社，2020.